期刊的商业模式

盈利与运营策略探究

张赟 著

The Business Model of Journals

Exploring Profitability and Operational Strategies

金城出版社
GOLD WALL PRESS
西苑出版社
XIYUAN PUBLISHING HOUSE
中国 · 北京

图书在版编目（CIP）数据

期刊的商业模式：盈利与运营策略探究 / 张赟著. -- 北京：西苑出版社有限公司，2025. 6. -- ISBN 978-7-5151-1091-2

Ⅰ. G23

中国国家版本馆 CIP 数据核字第 2025H1J124 号

期刊的商业模式：盈利与运营策略探究

著　　者　张　赟
责任编辑　许　姗
责任校对　高　虹
责任印制　李仕杰
开　　本　710毫米×1000毫米　1/16
印　　张　15.25
字　　数　196千字
版　　次　2025年6月第1版
印　　次　2025年6月第1次印刷
印　　刷　小森印刷（北京）有限公司
书　　号　ISBN 978-7-5151-1091-2
定　　价　68.00元

出版发行　西苑出版社有限公司　金城出版社有限公司
北京市朝阳区利泽东二路3号　邮编：100102
发 行 部　(010) 84254364
编 辑 部　(010) 64214534
总 编 室　(010) 88636419
电子邮箱　xiyuanpub@163.com
法律顾问　北京植德律师事务所17600603461

前　言

在信息传播与知识交流的广阔领域中，期刊始终扮演着至关重要的角色。从学术前沿的探索到大众文化的多元展现，期刊以其独特的内容和传播方式，成为连接创作者与受众的关键桥梁。然而，在当前复杂多变的市场环境和快速发展的技术变革浪潮中，期刊的商业模式正在经历深刻的变革与重塑。

科技的迅猛发展，特别是互联网和数字化技术的广泛应用，为期刊行业带来了前所未有的机遇与挑战。一方面，电子期刊、开放获取模式以及各类新媒体平台的兴起，拓宽了期刊的传播渠道和受众基础，为期刊的发展注入了新的动力；另一方面，传统的盈利模式和运营策略面临冲击，期刊如何在激烈的市场竞争中实现可持续发展，成为迫切需要解决的问题。

在这样的背景下，深入研究期刊的商业模式，剖析其盈利与运营策略，具有重要的理论价值和现实意义。从理论层面来看，这有助于丰富和完善传媒经济学、出版学等相关学科的理论体系，为深入研究期刊行业的发展规律提供理论支持。从实践角度出发，通过对不同类型期刊的商业模式进行深入分析，总结成功经验与失败教训，能够为期刊运营主体提供切实可行的发展建议，帮助其优化盈利模式，提升运营效率，增强市场竞争力。

本书通过探究期刊的市场环境、收入来源、成本结构、运营策略、数

第二章 期刊的收入来源

第六章 案例分析

第七章 未来展望与建议

绪　论

毫无疑问，要彻底理解期刊的商业模式，首先必须深入探讨和明确期刊本身及其商业模式的基本概念和定义。这不是一个简单的任务，因为期刊作为一种学术和专业交流的重要媒介，其商业模式涉及了收入来源、成本结构、市场定位和客户关系管理等多个方面。了解这些方面如何相互作用，以及它们是如何影响期刊的可持续性和市场竞争力的，对于任何希望在期刊出版领域取得成功的人来说都是至关重要的。因此，我们必须从期刊的定义与重要性、商业模式简介、研究背景与现实意义等方面开始，逐步揭开期刊商业模式的神秘面纱。

一、期刊的定义与重要性

（一）期刊的定义

期刊也称“杂志”，是指有固定名称，用卷、期或年月顺序编号，以印刷方式复制，以纸介质为载体，装订成册的连续出版物。联合国教科文组织 1964 年给期刊下的定义是：“凡是同一标题连续不断（无限期）定期或不定期出版，每年至少出一期（次）以上，每期均有期次编号或注明日期的称为期刊。”

期刊可从各种角度作多种划分。譬如，按内容范围，可分为时事政治类、社会科学类、自然科学类、工程技术类、文学艺术类、教学辅导类、综合文化生活类、科学普及类、情报检索类等；按出版周期，可分为周刊、旬刊、半月刊、月刊、双月刊、季刊、半年刊、年刊等；按读者对象的年龄层次，可分为老年刊、青年刊、少年刊、儿童刊等。

期刊和报纸都属于连续出版物，它们与图书相比，具有一些显著的共同特征。这些特征包括拥有一个固定的名称、持续发行并带有表示长期连续出版的序号，以及由众多作者的作品汇集而成，通常不会进行再版或修订。尽管期刊和报纸有相似之处，但它们之间也存在差异。外在形式上，期刊通常装订成册，拥有封面，尺寸比报纸小，且出版周期通常比报纸长；内容上，期刊的时效性相对较弱，但其稳定性和系统性则比报纸更强。

将期刊与图书单独比较，期刊展现出以下特点：正文通常被划分为不同的栏目；在一定时期内，全刊的篇幅保持相对稳定，不会出现大幅波动；期刊不设扉页，版本信息通常列于底封或目录页。

一般来说，期刊由学术机构、专业出版社或相关组织精心编辑和发行，旨在广泛传播最新的研究成果、学术观点，进行一定的理论探讨。期刊的内容丰富多彩，包括原创性研究论文、深入的综述文章、具有启发性的评论和详尽的书评等。这些内容涵盖了自然科学、社会科学、人文科学等多个学科领域，为学术界提供了广泛的知识资源。例如，生物学领域的《细胞》期刊，自 1974 年创刊以来，发表了大量关于细胞生物学和分子生物学的前沿研究，成为该领域学者们争相阅读的权威刊物。

（二）期刊的重要性

当今是知识经济蓬勃发展的时代，期刊作为学术信息传播的关键枢纽，在学术研究、知识传播、人才培养以及行业发展等众多维度中，发挥着无可替代的关键作用，其重要性不言而喻。

1. 学术研究方面

（1）记录与传播科研成果

期刊堪称科研人员展现研究结晶的核心舞台。在科研的广袤天地里，新的理论、技术与方法如雨后春笋般不断涌现。以医学科研领域为例，每一次新型药物的研发突破，每一种疾病治疗新手段的诞生，都承载着科研人员无数个日夜的心血。这些珍贵的成果，通过专业医学期刊得以公开发表。像国际知名的《新英格兰医学杂志》，凭借其广泛的影响力，将最新的医学研究成果迅速传播到世界的每一个角落。全球的医学专家们得以第一时间了解到如新型抗癌药物的临床试验进展、罕见病的创新治疗方案等前沿信息，进而围绕这些成果展开深入探讨与合作研究，有力地推动了医学的持续进步。

（2）学术评价与认可

在学术的评价体系中，期刊的质量与影响力无疑是衡量科研人员学术造诣的关键标尺。发表在高影响力期刊上的论文，往往象征着该研究成果具备极高的学术价值。以物理学界为例，《自然》《科学》等顶尖学术期刊，汇聚了全球最前沿的物理研究成果。一篇发表在这些期刊上的关于量子计算领域的论文，不仅意味着科研人员在该领域取得了开创性的突破，更是在全球范围内得到了高度认可。这种认可在科研人员的职业发展道路上发挥着重要作用，无论是职称评定、项目申请，还是奖项角逐，高影响力期刊论文都是极具分量的筹码。对于初出茅庐的年轻科研人员而言，能在这类顶尖期刊发表论文，无疑是开启学术大门的一把金钥匙，能迅速提升其在学术界的知名度与影响力。

（3）引导研究方向

期刊具备敏锐的洞察力，能够根据学科发展的潮流趋势以及社会的实际需求，精心策划并设置各类特色研究专题与栏目，以此引导科研人员聚焦特定的研究领域与关键问题。随着人工智能技术的迅猛发展，计算机科学领域的众多期刊纷纷开辟人工智能相关专题。例如《人工智能》期刊，定期推出关于机器学习、计算机视觉等前沿主题的专辑，吸引了大量科研人员投身于相关研究。此外，一些高质量期刊上发表的前沿研究成果，犹如一盏盏明灯，为其他科研人员照亮研究的方向。深度学习领域中，Geoffrey Hinton 等人发表的关于深度神经网络的开创性论文，为后续的研究提供了全新的思路与方法，引发了全球范围内深度学习研究的热潮，极大地拓展了该学科的研究边界。

2. 知识传播方面

（1）知识整合与系统化

期刊就像一位智慧的知识管家，通过对海量学术论文的精心筛选、严谨编辑与系统整理，将原本零散的知识碎片巧妙地串联起来，构建成具有明确主题和严密逻辑结构的知识体系。以经济学领域为例，《经济研究》期刊会对不同学者关于宏观经济政策的调控效果、微观经济主体的行为分析、产业经济的发展模式等方面的研究成果进行全面梳理与分类汇总。读者通过阅读这些期刊，能够迅速把握经济学领域的研究现状，洞察热点问题，明晰发展趋势，从而获取系统而全面的知识资源。对于立志深入探索经济学奥秘的学生和研究人员来说，这些期刊无疑是他们汲取知识养分的重要源泉。

（2）促进跨学科交流

在学科交叉融合的时代浪潮下，许多期刊积极顺应趋势，逐渐涵盖多个学科领域的研究内容，为不同学科的科研人员搭建起一座沟通与合作的桥梁。以生物医学工程领域为例，《生物医学工程杂志》融合了生物学、医学、工程学、材料学等多学科知识。生物学研究者通过阅读该期刊，可以了解到工程学领域用于生物检测的新型传感器技术；而工程学研究者则能从中学到医学领域对人体生理信号的独特分析方法。这种跨学科知识的交流与碰撞，常常能激发出创新的火花。一位生物学家在阅读了关于生物材料在组织工程应用的论文后，受到启发，与材料学家合作开展了新型生物可降解材料用于组织修复的跨学科研究，有力地促进了不同学科之间的相互渗透与融合。

（3）面向社会传播知识

除了学术期刊，科普类期刊在知识传播的舞台上大放异彩。它们以通俗易懂的语言、生动有趣的表达方式，向社会大众普及科学知识、文化艺术、生活常识等。像《博物》杂志，通过精美的插图和引人入胜的文字，带领读者走进神秘的自然世界，了解动植物的奇妙特性、生态系统的奥秘等；《科学大众》则聚焦科学技术的最新进展，用深入浅出的方式向公众介绍人工智能、新能源等前沿科技，让科学不再高高在上。这些科普期刊的存在，极大地提升了公众的科学文化素养，使公众对科学研究有了更深入的理解与支持，为科学文化在全社会的广泛普及奠定了坚实基础。

3. 人才培养方面

（1）提供学习资源

对于学生和刚刚踏入科研领域的新人来说，期刊是一座取之不尽的知识宝库，是极为重要的学习资源。在大学的学习生活中，学生通过阅读专业期刊上的论文，能够接触到学科最前沿的知识与研究方法。以化学专业的学生为例，他们阅读《美国化学会志》等权威期刊，不仅可以了解到最新的化学反应机理，如新型催化剂的研发与应用，新型材料的合成方法，如具有特殊性能的纳米材料的制备，还能学习到如何进行科学研究的严谨流程、学术论文的规范撰写技巧等，全方位地培养自己的科研能力与学术素养。

（2）培养科研人才

期刊为科研人员搭建了一个展示自我、交流思想的广阔平台，这个平台能够有效激发科研人员的创新思维与研究热情。在参与期刊论文的撰写过程中，科研人员需要对自己的研究成果进行深入剖析、系统总结，在这个过程中，逻辑思维能力与表达能力得到了极大的锻炼。而在论文评审环节，科研人员接触到来自不同研究方向、不同研究视角的论文，了解到各种新颖的研究思路与方法，有助于培养他们严谨的科学态度与批判性思维。例如，一位从事环境科学研究的科研人员，在评审一篇关于大气污染治理新方法的论文时，受到启发，将其中的部分思路应用到自己的水污染治理研究中，实现了研究方法的创新，有力地促进了自身科研能力的提升与成长。

4. 行业发展方面

（1）推动技术创新与应用

在应用科学和工程技术领域，期刊堪称新技术、新工艺、新方法传播的重要桥梁。以新能源汽车行业为例，《汽车工程》等相关期刊密切关注行业动态，及时发布关于电池技术创新，如固态电池的研发进展、自动驾驶技术发展，如高精度传感器在自动驾驶中的应用等方面的研究成果。企业和科研机构通过阅读这些期刊，能够第一时间掌握行业内的最新技术动态，将科研成果迅速转化为实际生产力。一家汽车制造企业在阅读了关于新型电池材料的研究论文后，受到启发，投入研发力量，成功开发出续航里程更长、安全性更高的电池，推动了新能源汽车技术的创新与产业升级，为整个行业的发展注入了强大动力。

（2）规范行业标准和规范

一些行业期刊肩负着规范行业发展的重任，它们定期发布行业标准、规范和指南等重要文件，为行业内的企业和从业人员提供了明确的参考依据。以建筑行业为例，《建筑学报》等期刊会发布建筑设计规范，从建筑的空间布局、结构安全到节能环保等方面进行详细规定；施工安全标准，如施工现场的防护措施、施工人员的操作规范等内容。这些标准和规范犹如行业发展的“指南针”，有助于规范行业行为，提升行业整体水平。建筑企业在进行项目设计和施工时，严格参考这些期刊发布的标准，能够确保项目符合国家和行业的相关要求，避免安全隐患和质量问题，促进建筑市场的健康、有序发展。

二、期刊的商业模式简介

（一）商业模式的基本概念

在当今竞争激烈且复杂多变的市场经济环境中，商业模式堪称企业运营的核心所在，犹如指引企业在商海中稳健前行的灯塔。其概念最早于20世纪50年代进入研究视野，随着互联网技术在近十年的迅猛发展，受到了各界前所未有的关注。

回顾商业模式的研究历程，Zott等人在2011年对1975年至2009年的相关论文进行分析后发现，商业期刊上发表的相关文章数量和增长率均高于学术期刊。自20世纪90年代末起，互联网技术在商业领域的广泛应用，极大地推动了商业模式的研究，涵盖了对其定义、本质、要素和分类等多方面的深入探讨。Timmers在1998年成为研究电子商务商业模式的先驱，此后，Chesbrough、Osterwalder、Pigneur、Hedman、Kalling、Morris等学者也纷纷从不同角度对商业模式的定义和组成展开研究。尽管众多学者积极探索，但目前学术界对商业模式的定义仍未达成统一共识。其中，应用较为广泛的定义有：Johnson于2010年将其定义为“代表着特定商业为客户和企业自己创造和传递价值的一种描述”；Chesbrough 同年将商业模式描述为“一种有用的框架，用来把商业构想和科技与经济产出联系起来；商业模式的核心包括两个重要部分，即价值创造和价值获取”；Osterwalder 和 Pigneur 在 2010 年则认为“商业模式是企业如何创造价值、传递价值和获取价值的原理”。

在研究方法上，常见的有 Johnson 等（2008）的四要素框架、Amit 和 Zott（2002）的运营系统模型、Hamel（2000）的桥接结构和 Teece（2010）的环状逻辑模型等。这些方法虽视角各异，但都一致认为商业模式是由多种元素组成的系统。Osterwalder 和 Pigneur 在 2010 年提出的商业模式画布，是目前应用较为广泛的分析工具之一。该画布包含价值主张、客户细分、客户关系、渠道通路、收入来源、成本结构、核心资源、关键业务和重要合作这九个相互关联的元素，它们分别从客户、产品或服务、基础设施和财务生存能力四个方面，对企业的商业模式进行全面剖析。同时，商业模式画布被定义为“一种用来描述商业模式，可视化商业模式，评估商业模式以及改变商业模式的通用语言”。然而，这种分析法也存在一定局限性，一是忽视了利益相关者的重要性，对与企业商业模式相关的组织或个人分析不足；二是作为一种静态分析框架，难以清晰、完整地呈现其他因素对企业商业模式的影响。

国内学者在商业模式研究方面也成果丰硕。赵纯均、冯蔚东与陈剑在 2002 年针对发达国家新兴的虚拟企业展开探讨，并深入分析了其商业模式的关键要素；李红等人在 2012 年对互联网社交网站商业模式的核心要素进行剖析并提出发展建议；张敬伟和王迎军在 2014 年通过多案例深度访谈，提出新企业商业模式构建的方法；魏炜等人在 2012 年提出商业模式六要素模型，将要素细分为企业价值、现金流结构、盈利模式、定位、业务系统以及关键资源与能力，并强调利益相关者的交易结构能为商业模式的描述、调整和设计提供全面视角。

从本质上讲，商业模式是企业为实现商业目标而精心构建的一套完整策略与方法体系，贯穿企业运营的各个环节，涵盖价值创造、价值传递和价值获取的全过程，构成企业运营的底层逻辑。它主要包含以下紧密关联、相互作用的核心要素。

1. 客户群体

精准定位目标客户群体是商业模式的基石。企业需深入了解客户的年龄、性别、职业、消费习惯以及未被满足的需求与痛点等多维度信息。例如，一家专注高端健身服务的企业，经市场调研发现其目标客户主要为中高收入阶层，他们注重健康生活品质，有健身需求且对健身环境和服务质量要求较高。基于此，企业在服务设计、场地选址和定价策略上精准布局，以满足这一特定客户群体需求。

2. 价值主张

这是企业向客户做出的独特价值承诺，即企业如何通过产品或服务满足客户特定需求、解决实际问题。以在线教育平台为例，凭借优质课程资源、个性化学习方案和便捷学习方式，满足不同年龄段和学习目标学员的多样化学习需求。

3. 渠道

企业通过线上线下多种渠道将产品或服务送达客户手中。线上渠道包括企业官网、电商平台和社交媒体平台等；线下渠道有实体店、经销商和代理商等。如知名服装品牌，既利用电商平台拓展销售范围，又通过线下实体店提供试穿体验和个性化穿搭建议，增强消费者购买意愿和品牌认同。

4. 客户关系

建立并维护良好客户关系是企业长期发展的重要保障。企业通过提供优质服务、建立会员制度、收集售后反馈等方式，与客户建立长期稳定合作关系，提升客户满意度。酒店行业通过会员积分兑换、专属优惠活动和贴心服务，增强客户黏性。

5. 收入来源

明确盈利方式是商业模式的关键环节。企业收入来源多样，包括产品销售收入、服务收费、广告收入、授权费用等。搜索引擎公司主要依靠广告投放获取收入，软件企业则通过软件授权使用、订阅服务等方式盈利。

6. 关键资源

这是企业实现商业模式必不可少的资源，包括人力资源、物力资源、财力资源和技术资源等。科技企业的关键资源可能有高素质研发团队、核心技术专利、先进生产设备和充足资金支持，支撑企业创新发展。

7. 关键活动

企业为创造和传递价值开展的主要活动，如生产制造、产品研发、市场营销、售后服务等。汽车制造企业的关键活动包括汽车设计、零部件生产、整车组装、市场推广和售后服务等环节，影响产品质量和市场竞争力。

8. 关键合作伙伴

企业运营常需依赖外部合作伙伴支持。供应商提供原材料和零部件，分销商负责销售，战略联盟可共同开展研发或市场拓展活动，实现资源共享和优势互补。智能手机制造商与芯片、屏幕供应商紧密合作，优化产品性能。

综上所述，商业模式是一个有机整体，各个要素相互依存、相互促进。它助力企业系统规划商业活动，在激烈市场竞争中找准方向，实现持续发展和盈利。深入研究和不断优化商业模式，对企业在复杂多变的市场环境中立足和发展具有重要意义。

（二）期刊的商业模式的相关内容

期刊的商业模式是期刊在长期运营过程中，为实现经济目标和可持续发展，精心设计并不断优化的一套策略和方法体系。这一体系涵盖了收入来源、成本结构、市场定位和客户关系管理等多个关键维度，每个维度都相互关联，共同影响着期刊的发展。

1. 收入来源

（1）订阅费

订阅费（发行收入）是期刊收入的重要支柱之一，主要包括个人订阅和机构订阅。个人订阅满足了个体读者对知识的追求，直接增加了期刊的读者基数；机构订阅，如图书馆、研究所等机构的批量采购，为期刊带来了可观的收入。例如，一些专业学术期刊，个人订阅者可以及时获取最新的研究成果，满足个人学习和研究的需求；高校图书馆的大量订阅，则确保了期刊在学术机构中的广泛传播，提升了期刊的学术影响力。

（2）广告收入

期刊通过在刊物中植入广告，为广告商搭建了精准营销的平台。广告商根据自身产品或服务的特点，选择与之匹配的期刊进行广告投放。时尚期刊凭借其目标读者群体对时尚潮流的关注，吸引时尚品牌投放新品广告；科技期刊则因读者对科技领域的兴趣，吸引科技企业推广新技术产品，实现了广告与读者需求的精准对接，提高了广告效果。

（3）出版服务费

出版服务费主要包括论文发表费、编辑加工费等，由作者支付，用于确保研究成果能够顺利发表。这一收入来源在学术期刊中较为常见，它为期刊的编辑和出版工作提供了资金支持，保障了学术成果的及时传播，促进了学术交流与发展。

（4）版权转让

期刊将内容的使用权转让给数据库或在线平台，供用户付费阅读，实现了内容价值的二次开发。例如，一些知名学术期刊将文章授权给专业数据库，不仅扩大了内容的传播范围，还通过版权转让获取了收入，进一步提升了期刊的经济收益和学术影响力。

2. 成本结构

从宏观角度来看，期刊的运营成本主要有以下几个方面。

（1）编辑成本

编辑成本主要包括编辑人员的工资、审稿费用等。编辑人员需要具备深厚的专业知识和敏锐的市场洞察力，他们不仅要对稿件进行严格的审核和筛选，还要对内容进行精心的编辑和加工，以确保期刊内容的质量和学术水平。编辑人员的专业素养和工作质量直接影响着期刊的市场竞争力。

（2）出版成本

出版成本涵盖印刷费用、排版费用等。印刷质量直接关系到读者的阅读体验，因此期刊社通常会选择信誉良好、印刷质量高的印刷厂进行合作，确保印刷效果清晰、色彩鲜艳，排版美观大方，符合期刊的整体风格和定位。

（3）发行成本

发行成本包括邮寄费用、物流费用等。合理选择发行渠道，如与专业的物流企业合作，可以提高期刊的覆盖面和到达率，确保期刊能够及时、准确地送达读者手中。同时，优化发行流程和降低物流成本，也是期刊社控制成本的重要措施之一。

（4）管理成本

管理成本包括期刊社的日常运营费用、员工福利等。一个高效的管理体系能够提升工作效率，优化资源配置，增强员工的归属感和忠诚度。通过科学的管理方法和合理的激励机制，期刊社能够充分调动员工的积极性和创造力，为期刊的发展提供坚实的保障。

3. 市场定位

期刊的市场定位犹如精准的导航系统，深刻地决定了其在整个期刊市场中的坐标位置以及所面向的目标读者群体。在庞大且多元的期刊世界里，不同类型的期刊犹如璀璨星空中各具特色的繁星，各自散发着独特的光芒，各有侧重，特色鲜明。

在学术期刊领域，《自然》《科学》等堪称顶级学术殿堂的期刊，它们专注于某一学科领域的深度探索，犹如在知识海洋中提供精准定位的灯塔。以《自然》为例，其在生命科学、物理学、化学等众多学科领域有着极高的权威性。它拥有一套极为严格的审稿流程，一篇投稿论文往往要经过多位国际顶尖学者的把关，从研究的创新性、科学性到实验的严谨性等各个方面进行细致审核。正因如此，能够在《自然》上发表的研究成果，无一不是在该学科领域具有重大突破或创新的高水平成果。这些成果不仅代表着全球科研的前沿动态，更推动着学科的不断发展。凭借这样的严格筛选和卓越品质，《自然》《科学》等期刊在学术界树立起了极高的威望，吸引了全球顶尖科研人员的目光。他们渴望将自己最具价值的研究成果发表在这些刊物上，以此获得同行的认可，进而推动自身科研事业的发展，同时也为全球学术界贡献智慧和力量。

《经济学人》《时代周刊》这类综合性期刊，则宛如知识的超级集市，覆盖了多个学科领域，从政治经济到文化艺术，从科技创新到社会民生，无所不包。《经济学人》以其对全球经济形势的深刻洞察、对各类经济政策的独到分析而闻名。它不仅关注宏观经济的走势，如各国 GDP 的增长趋势、货币政策的调整等，还深入剖析微观经济层面的企业动态、行业竞争格局等。同时，在政治、文化等领域也有着深入的报道和评论，为读者提供了跨学科的视角。《时代周刊》同样如此，它通过对全球热点事件的深度报道、对不同文化现象的解读，以及对各领域杰出人物的专题介绍，为读者呈现出一个全面而多元的世界。这些综合性期刊凭借内容的多样性、深度和可读性，满足了不同读者群体对知识和信息的多元化需求。无论是关注国际时事的政商人士，还是追求知识广度的普通读者，都能在这些期刊中找到自己感兴趣的内容，拓宽自己的视野，加深对世界的理解。

4. 客户关系管理

（1）读者关系

期刊通过提供优质的内容和服务，吸引并留住读者。例如，提供免费的在线预览，让读者在订阅前能够提前了解期刊的内容和风格；开展定期的读者调查和反馈机制，收集读者的意见和建议，根据读者的需求和偏好，不断优化期刊的内容和服务，提升读者的阅读体验和满意度。

（2）作者关系

采用公平、透明的审稿和发表流程，如双盲审稿制度，确保审稿的公正性和客观性，为作者提供一个公平竞争的平台。同时，及时反馈审稿意见，帮助作者提升论文质量，吸引和留住优秀的作者，保障期刊内容的高质量和创新性。

（3）广告商关系

制定合理的广告政策，提供精准的广告投放服务和详细的广告效果评估报告，满足广告商的营销需求。通过与广告商建立长期稳定的合作关系，增强广告商的合作意愿和忠诚度，实现期刊与广告商的互利共赢。

三、研究背景及现实意义

在科技呈指数级飞速发展、信息犹如汹涌浪潮般爆炸的当今时代，期刊作为知识传播和学术交流的核心平台，其重要性不言而喻。而期刊商业模式的演变与创新，宛如一颗投入平静湖面的巨石，在学术界和出版行业激起层层深远而广泛的涟漪。

传统的期刊商业模式，主要依靠订阅费、广告收入和版面费这三大支柱维持运营。订阅费是许多期刊稳定的收入来源，读者通过支付一定费用，定期获取期刊内容，保障了期刊的持续发行；广告收入则来自各类企业在期刊上投放广告，期望借助期刊的读者群体推广产品或服务；版面费则是作者为了在期刊上发表论文而支付的费用。然而，随着互联网和数字化技术以雷霆万钧之势迅猛普及，这种传统商业模式正面临着前所未有的挑战与变革。

（一）开放获取运动的冲击与变革

开放获取（Open Access，OA）运动的兴起，宛如一场颠覆性的风暴，彻底改变了传统的学术资源获取方式。在过去，学术资源常常被“锁”在高额订阅费的背后，只有订阅了相关期刊的机构或个人才能获取。但如今，越来越多的期刊开始采用开放获取模式，通过收取文章处理费（Articlc Processing Charge，APC）来维持运营。以《公共科学图书馆·综合》（PLoS ONE）为例，它作为全球知名的开放获取期刊，涵盖了众多学科领域。这一模式的优势极为显著，它极大地降低了读者获取学术资源的门槛，打破了传统订阅模式的地域和经济限制。来自发展中国家的科研人员，以往可能因高昂的订阅费用而难以获取国际前沿的研究成果，如今通过开放获取期刊，他们能够轻松接触到全球最新的科研动态。这不仅促进了全球学术界的平等交流与多元化发展，更为不同地区的科研人员提供了更加公平的学术发展机会，让科研的智慧之光能够照亮世界的每一个角落。

（二）数字化转型带来的机遇与挑战

数字化转型为学术期刊带来了全新的发展机遇，宛如为其插上了腾飞的翅膀。电子期刊、数据库和在线平台如雨后春笋般蓬勃兴起，使期刊的传播方式更加多样化和便捷。读者可以通过电脑、平板、手机等各种电子设备，随时随地获取期刊内容，大大提高了学术信息的传播效率。以中国知网为例，它整合了海量的学术期刊资源，用户只需在检索框中输入关键词，就能迅速获取相关的学术论文。然而，数字化转型也引发了一系列棘手的问题。在版权保护方面，数字化环境下的学术成果更容易被非法复制和传播，如一些学术论文被未经授权的网站转载；数据安全方面，一旦数据库遭受黑客攻击，可能导致大量学术数据泄露；用户隐私方面，读者在使用在线平台时，个人信息也存在被泄露的风险。研究期刊商业模式，有助于探索在数字化背景下实现可持续发展的有效路径，平衡各方利益。例如，采用先进的加密技术保护版权，防止学术成果被非法复制和传播；通过完善的用户认证机制确保数据安全，保障读者的个人信息不被泄露，让读者能够安全、便捷地访问和使用学术资源。

（三）与科研评价体系的紧密关联

学术期刊的商业模式与科研评价体系紧密相连，犹如共生体一般。期刊的影响因子、被引频次等指标，在很大程度上影响着科研人员的职业发展和学术地位。在当前的科研环境中，科研评价体系过于依赖这些量化指标，导致了一些不良现象的出现。一些科研人员过于追求论文发表数量和期刊影响因子，而忽视了科研成果的质量和实际应用价值。例如，部分科研人员为了快速发表论文，可能会选择一些低质量的研究课题，或者对研究数据进行不当处理。通过研究期刊商业模式，优化商业模式，可以推动学术评价体系的改革，促进科研工作的健康发展。例如，引入文章的社会影响力和实际应用价值等多元化评价指标，从多个维度全面评价科研成果。像一些关于环保技术的科研成果，除了考量其学术影响力，还可以评估其在实际环保项目中的应用效果和对环境改善的实际贡献，激励科研人员开展更具创新性和实用性的研究，为社会发展做出更大的贡献。

关于期刊商业模式的研究，不仅关乎学术期刊自身的生存与发展，还深刻影响着学术资源的获取方式、科研评价体系以及整个学术生态的健康运行。深入研究期刊商业模式，能够为学术界和出版行业提供有益的参考与指导，推动学术传播和知识共享进一步发展，提升学术研究的质量和效率，促进学术界的公平与包容，最终推动人类的进步和社会的发展。

第一章
期刊的市场环境分析

期刊市场环境分析是对期刊出版行业内、外部环境进行全面审视的过程，旨在评估市场现状、预测未来趋势，并制订相应的战略规划。期刊市场环境分析是一个多维度、多层次的综合评估过程。通过对行业现状与发展趋势、竞争格局与主要竞争对手、目标读者群体与市场需求的全面分析，期刊出版商可以更好地把握市场脉搏，制订科学合理的战略规划，从而在激烈的市场竞争中脱颖而出。

第一节　行业现状与发展趋势

在当今这个知识爆炸的时代，期刊作为一种重要的学术交流和文化传播载体，始终扮演着不可或缺的角色。随着科技的飞速进步和信息时代的到来，期刊行业也经历了翻天覆地的变化。

一、期刊行业的现状

（一）数字化转型

在当下信息爆炸的时代浪潮中，期刊的数字化转型已成为出版行业不可阻挡的重要趋势。这绝不仅仅是传统纸质出版物向电子媒体的简单过渡，而是一场深度变革，从根本上重塑了内容的呈现形式，使得信息传播实现了前所未有的速度与广度。

随着互联网技术以惊人的速度迭代更新，全球范围内的网络覆盖率持续攀升。据报道，国际电信联盟（ITU）发布的《2024 年事实与数据》报告预测，到 2024 年底，全球互联网用户数量将达到 55 亿。该报告指出，这一数字占全球人口的 68%。这意味着，越来越多的读者已习惯借助电子设备来阅读图书，阅读期刊。在城市的通勤人群中，地铁、公交上随处可见人们利用碎片化时间，通过手机、平板等设备阅读电子出版物，其中包括期刊。无论是在忙碌的通勤途中，享受片刻宁静的休憩时刻，还是在工作间隙的短暂放松时段，读者只需轻点屏幕，便能随时随地获取最新的期刊资讯，这种便捷性是传统纸质阅读难以企及的。

数字化转型也为期刊编辑和出版流程带来了显著优化。编辑们借助先进的数字工具和平台，如专业的稿件管理系统 ScholarOne Manuscripts、智能排版软件 InDesign 等，能够更高效地处理稿件。以 ScholarOne Manuscripts 为例，它整合了稿件的在线提交、同行评审、编辑决策等一系列流程，编辑可以在系统中实时跟踪稿件进度，与作者、审稿人进行无缝沟通。从稿件的接收、初审、外审到最终定稿，整个流程都能在数字化环境下有序进行，大大缩短了出版周期。过去，传统纸质期刊从投稿到发表可能需要数月甚至半年以上的时间，如今数字化出版流程使得部分期刊的出版周期缩短至数周，让研究成果和知识能以更快的速度传递给公众。

此外，数字化期刊配备的互动功能，如评论区供读者发表见解、分享按钮方便读者传播优质内容、推荐系统依据读者阅读习惯推送相关文章等，极大地增强了读者与期刊之间的互动性，为读者打造了全新的阅读体验。在一些知名学术期刊的网站或 APP 上，读者可以针对感兴趣的文章发表评论，与全球的学者展开讨论，这种思想的碰撞在传统纸质期刊时代是难以实现的。分享功能也使得优质内容能够在社交媒体平台上迅速传播，扩大了期刊的影响力。推荐系统则根据读者的浏览历史、收藏记录等数据，精准推送符合读者兴趣的文章，提高读者获取有价值信息的效率。

然而，这一转型之路并非一帆风顺。版权保护问题成为数字化进程中的一大难题，电子内容的易复制性使得侵权行为时有发生。在网络环境中，一篇电子期刊文章可能在短时间内被非法复制、传播到多个平台，损害了作者和出版商的权益。数字鸿沟的存在，导致部分地区或人群因缺乏数字设备或网络接入条件，无法充分享受数字化期刊带来的便利。在一些偏远山区或经济欠发达地区，网络基础设施建设不完善，居民难以接触到电子期刊资源。还有部分读者对传统纸质阅读方式怀有深厚的情感依恋，难以快速适应数字化阅读。他们认为纸质书的质感、翻阅的触感以及阅读时的仪式感是电子阅读无法替代的。这些问题亟待出版界和相关利益方携手合作，共同寻找解决方案。

（二）出版模式的多样化

传统的期刊出版模式主要依赖订阅制度，这一模式长期在学术界和出版界占据主导地位。对于出版商而言，稳定的订阅收入为其运营和发展提供了坚实的经济基础。以 Elsevier、Springer Nature 等大型学术出版集团为例，它们旗下众多知名期刊的订阅收入是其重要的资金来源，支撑着期刊的编辑、排版、印刷、发行等一系列环节的运转。对读者和研究者来说，订阅期刊是获取最新学术成果的重要途径。在科研领域，研究人员需要及时了解本领域的前沿动态，订阅专业期刊成为他们获取信息的关键方式。

但随着时代的发展和科技的进步，期刊出版模式正朝着多样化和灵活化的方向大步迈进。除了传统订阅模式，开放获取、按需出版、自助出版等新型出版模式如雨后春笋般不断涌现。

开放获取模式下，学术成果可被全球范围内的读者免费获取，极大地促进了学术交流和知识传播，提升了学术资源的可及性和公平性，让更多资源有限的学者和研究机构得以接触前沿研究成果。例如，PLoS ONE 这本开放获取期刊，自成立以来，已发表了大量涵盖生物、医学、化学等多个领域的研究论文，全球范围内的读者都可以免费下载阅读。据统计，PLoS ONE 平台 2023 年下载量已超过 145 万次，其影响力不断扩大。

按需出版则是根据读者的实际需求进行印刷，避免了传统出版模式中可能出现的库存积压问题，降低了出版成本。一些小型学术出版社采用按需出版模式，当有读者下单时，才启动印刷流程，减少了纸张、仓储等方面的成本。

自助出版为作者提供了更自由的创作和发表空间，作者可自行决定作品的出版形式和发行渠道。像 Lulu、Smashwords 等自助出版平台，允许作者上传自己的作品，选择精装、平装或电子书等出版形式，并在全球范围内发行。

这些新出版模式的出现，为作者和读者提供了更为广泛多元的选择空间，但也给期刊出版商带来了新挑战，如收入模式的转变、版权管理的复杂性增加等。传统订阅模式下，出版商主要依靠订阅费盈利，而开放获取模式则需要探索新的盈利途径，如收取文章处理费等。版权管理方面，多种出版模式并存使得版权归属、使用权限等问题变得更加复杂。同时，也为出版商创造了前所未有的机遇，如拓展市场份额、满足个性化需求等。通过开放获取和自助出版，出版商可以吸引更多来自不同地区、不同背景的作者和读者，扩大品牌影响力。

（三）学术评价体系的变革

学术评价体系犹如指挥棒，在很大程度上引导着期刊的发展轨迹，影响着期刊的品质水平。近年来，以影响因子（Impact Factor）为代表的传统评价指标受到了越来越多的质疑和反思。单一的影响因子虽在一定程度上反映了期刊的影响力，但无法全面准确地衡量学术成果的价值和意义。例如，一些具有开创性的研究成果，由于其研究方向较为新颖，初期可能引用量不高，但并不代表其学术价值低。一篇论文的价值不应仅仅取决于其所在期刊的影响因子，还应考虑论文本身的创新性、实用性以及在学术界和社会中的实际影响力。

为了更全面科学地评价学术成果，新的评价体系和指标不断涌现。文章的引用次数能直观反映其在学术界被关注和认可的程度；社交媒体上的影响力体现了学术成果在更广泛社会层面的传播效果。例如，一些科普类学术论文在社交媒体平台上获得了大量的点赞、分享和评论，虽然在传统学术引用中可能表现不突出，但在公众认知和科学普及方面发挥了重要作用。读者的阅读体验则从用户角度对学术内容的质量和可读性进行了评估。一些学术期刊开始关注读者的反馈，通过在线问卷、评论分析等方式，了解读者对文章内容、排版、语言表达等方面的评价，进而改进期刊质量。

一些新兴的评价指标如 H 指数和 Altmetrics 正逐渐被更多学术机构和研究者所接受。H 指数衡量的是一个学者发表的论文中有多少篇被引用了至少 H 次，综合考量了学者的论文数量和被引用频次。例如，一位学者的 H 指数为 20，表示他至少有 20 篇论文被引用了 20 次以上，这能更全面地反映学者的学术成就。Altmetrics 关注学术成果在社交媒体和其他非传统学术渠道上的传播和影响，拓宽了学术评价的维度。它通过追踪论文在 Twitter、Facebook、ResearchGate 等平台上的提及次数、分享次数等数据，评估学术成果的社会影响力。这些新指标的提出和应用，标志着学术评价体系正朝着更加多元化和综合化的方向稳步发展，更全面地评估学术成果的实际价值和意义。

（四）国际化与本土化并存

在全球化的时代大背景下，期刊行业呈现出国际化与本土化并存的显著特征。一方面，众多国际知名学术期刊在全球范围内构建起庞大的读者和作者网络。以《自然》《科学》为例，它们凭借高质量的内容和广泛的国际影响力，成为全球学者交流思想、分享研究成果的重要平台。《自然》杂志每周出版一期，涵盖了自然科学、生命科学、医学、工程技术等广泛的学科领域，其发表的论文经过严格的同行评审机制，确保每一篇都具备较高的学术质量和权威性。全球顶尖科研机构的研究人员都以在《自然》上发表论文为荣，其文章的引用量和关注度长期处于高位，引领着全球学术研究的前沿方向。

另一方面，随着对本土文化的重视和特定领域研究的深入，大量本土期刊应运而生。这些期刊聚焦于服务特定地区或学术领域的研究需求，为当地学者提供了展示研究成果的专属舞台。在中国，《中国科学》《中国社会科学》等本土期刊在国际学术界获得了广泛认可，成为展示中国科研实力和学术思想的重要窗口。《中国科学》涵盖了数学、物理、化学、生命科学、地球科学等多个学科，发表了许多具有中国特色和国际影响力的研究成果，促进了中国学术界与国际学术界的交流合作。在印度，《印度科学院院刊》《印度医学杂志》等本土期刊也逐渐在国际舞台崭露头角，展示了印度在科学研究、医学领域的独特见解和创新成果。例如，《印度医学杂志》在传统医学与现代医学结合的研究方面取得了一系列成果，推动了印度学术研究在全球范围内的传播与交流。

这种国际化与本土化并存的趋势，有力地推动了全球范围内的学术交流，促进了不同文化背景下学术思想的碰撞与融合。各国学者通过国际期刊和本土期刊相互学习、借鉴，共同推动全球学术界的进步。同时，为各国本土文化的传播搭建了桥梁，增进了不同文化之间的理解与尊重，促进了全球文化的多样性和繁荣发展。

二、期刊行业的发展趋势

（一）持续的数字化进程

展望未来，期刊行业的数字化转型将以更迅猛的态势持续加速，不断开拓新的发展版图。随着科技呈指数级的飞跃式发展，虚拟现实（VR）和增强现实（AR）等前沿技术将深度融入期刊出版的各个环节，为读者精心打造前所未有的沉浸式阅读盛宴。

在 VR 技术的加持下，读者借助头戴式显示设备，便能身临其境地“走进”期刊所构建的学术世界。比如，对于一本专注于考古研究的期刊，读者可以通过 VR 技术，仿佛置身于考古发掘现场，360 度全方位观察文物的出土过程，近距离感受历史的厚重与文化的魅力；在医学领域，VR 技术能让读者“深入”人体内部，直观地观察人体器官的结构和生理活动，使原本抽象的医学知识变得生动形象、触手可及。

AR 技术则为期刊内容增添了丰富的动态交互元素。读者在阅读有关生物科学的期刊时，通过手机或平板扫描页面，就能看到栩栩如生的动植物 3D 模型在眼前“活”起来，展示其生长过程、行为习性等；对于工程技术类期刊， AR 技术可以将复杂的机械结构以动态拆解的形式呈现，帮助读者更好地理解其工作原理。这些技术的融入，极大地丰富了期刊内容的展现形式，使读者从被动的信息接收者转变为主动的参与者，深度提升了读者的互动性和参与感。

与此同时，大数据分析和人工智能（AI）技术的深度集成，将对期刊的编辑、审稿和推荐系统进行全方位的革新。大数据分析能够深度挖掘海量的读者阅读数据，精准洞察读者的阅读偏好、兴趣热点以及阅读行为模式。例如，通过分析读者在不同时间段、不同设备上的阅读记录，以及对各类文章的收藏、评论、分享等行为数据，编辑可以精准把握读者需求，从而策划出更具针对性的选题，组织更符合读者口味的稿件，实现期刊内容的个性化定制。

AI 技术在期刊出版流程中的应用已初见成效，且前景广阔。在稿件初步筛选环节，AI 算法能够快速对稿件进行分类和评估，从文章的创新性、学术规范性、语言表达等多个维度进行打分。以爱思唯尔（Elsevier）推出的智能审稿辅助工具为例，它基于自然语言处理技术和机器学习算法，能够在短时间内对大量稿件进行初步筛选，大大缩短了审稿周期，将原本可能需要数周的初审时间缩短至几天甚至更短。而且，AI 技术的客观性和一致性保证了审稿标准的统一，有效避免了人为因素导致的偏见和失误，提高了审稿的准确性和公正性。

随着 5G 技术的普及和云计算能力的提升，未来这些技术将更加成熟和普及，期刊出版将迈入一个高度智能化、高效化的新时代。编辑工作将更加智能高效，作者投稿将更加便捷顺畅，读者获取信息将更加精准个性化，整个期刊出版生态将实现质的飞跃。

（二）跨学科融合与创新

在科学技术日新月异的当下，学科之间的界限正逐渐被打破，跨学科研究已成为学术发展不可阻挡的新潮流。这种趋势促使不同学科的知识体系、研究方法和思维模式相互渗透、深度融合，催生出一系列新兴的研究领域和具有突破性的创新成果。

期刊出版业敏锐地捕捉到这一发展趋势，积极调整战略布局，大力推出更多跨学科的专题和栏目。例如，《自然-通讯》（*Nature Communications*）和《科学-进展》（*Science Advances*）等综合性期刊，率先在跨学科领域发力，开设了众多涵盖自然科学、工程技术、社会科学、人文科学等多个领域的跨学科专题。这些专题犹如学术交流的桥梁，吸引了来自不同学科背景的研究者踊跃投稿，共同探索未知的学术领域。

在这些跨学科专题中，不同领域的研究者汇聚一堂，充分发挥各自的专业优势，将物理学的定量分析方法应用于社会学研究，探索社会现象背后的规律；运用生物学的实验技术研究材料科学，开发新型的生物基材料；结合计算机科学的算法与医学影像技术，实现疾病的早期精准诊断。通过跨学科的深度合作，研究者们打破了传统学科的壁垒，碰撞出创新的火花，产生了一系列具有深远影响的创新性成果。

跨学科融合与创新为学术研究开辟了全新的视角和思路，助力解决复杂多维的现实问题。在应对气候变化这一全球性挑战时，需要融合气象学、生态学、经济学、政治学等多学科的知识和方法，从不同角度分析气候变化的原因、影响和应对策略。期刊作为学术交流的重要平台，通过跨学科专题的设置，促进了相关领域的研究人员共同合作，为制订科学有效的应对方案提供了理论支持和实践指导，推动学术研究向纵深方向发展，为解决人类面临的重大问题贡献智慧和力量。

（三）强化开放获取与共享

开放获取作为一种顺应时代发展潮流的新兴学术出版模式，在未来必将得到更为广泛的推广和深入的发展。随着科技的飞速进步和信息时代的全面来临，学术资源的快速传播和共享已成为学术界和社会的迫切需求。

越来越多的学术期刊和出版机构纷纷积极拥抱开放获取模式，彻底打破了传统订阅模式的重重限制，让学术成果得以在全球范围内自由传播、广泛共享。大型开放获取出版集团如 Public Library of Science（PLoS）和 BioMed Central 在全球范围内积极践行开放获取理念，成为推动学术资源开放共享的领军力量。如 BioMed Central，其旗下期刊发表的研究成果在医学、生物学等领域发挥了重要作用，为全球科研人员提供了丰富的学术资源，在全球具有重要学术影响。

这些开放获取出版集团通过创新的运营模式，为研究人员提供了更多的发表机会，降低了学术成果传播的门槛。无论是来自发达国家顶尖科研机构的学者，还是发展中国家资源相对匮乏的科研人员，都能在开放获取期刊上平等地展示自己的研究成果。同时，为读者提供了更加便捷的获取学术资源的途径，读者只需通过网络，即可免费阅读、下载所需文献，无需支付高昂的订阅费用，极大地提高了学术资源的可见度和利用率。

开放获取模式的推广，有力地促进了学术资源的公平获取，有助于缩小不同地区和社会群体之间的学术差距。在一些发展中国家，科研人员过去由于缺乏资金购买昂贵的学术期刊，难以接触到前沿的研究成果，限制了科研水平的提升。如今，开放获取模式的普及，让他们能够与国际同行同步获取最新的学术信息，参与国际学术交流与合作，推动了全球学术交流和知识共享的蓬勃发展，为构建一个更加公平、开放、包容的学术生态环境奠定了坚实基础。

（四）重视可持续发展与社会责任

期刊出版不仅是学术交流的关键平台，更是承担社会责任的重要载体，在促进知识传播、推动科学进步方面发挥着不可替代的重要作用。未来，期刊行业将把可持续发展和社会责任提升到战略高度，积极践行绿色发展理念，深度参与社会热点问题的研究与解决。

在可持续发展方面，出版商将积极采取一系列创新举措来降低对环境的影响。在内容载体上，大力推广电子出版，减少纸张使用，从源头上降低资源消耗和环境污染。据统计，每减少 1 吨纸张使用，可节约约 20 棵大树，减少约 1. 5 吨二氧化碳排放。在物流配送环节，采用绿色运输方式，如使用新能源车辆、优化配送路线等，降低碳排放。同时，优化出版流程，提高资源利用效率，减少能源浪费。

在社会责任方面，期刊将更加聚焦社会热点问题，如气候变化、公共卫生、社会公平、科技创新等，积极推动学术研究与社会实践的紧密结合。以气候变化问题为例，一些期刊专门开设了气候变化研究专栏，发表大量关于碳排放、生态保护、新能源开发等方面的研究论文，为政策制定提供科学依据，为企业和社会组织提供实践指导，助力全球应对气候变化挑战。在公共卫生领域，期刊及时发表关于传染病防控、疫苗研发、健康管理等方面的研究成果，为传染病防控和公共卫生体系建设提供智力支持。

通过关注和参与社会热点问题，期刊不仅为社会发展提供了有力的智力支持和科学指导，也提升了自身的社会影响力和公信力，实现了学术价值与社会价值的有机统一，为推动社会的可持续发展贡献力量。

第二节　竞争格局与主要竞争对手

在当今学术界，期刊的竞争格局日益激烈。随着科技的迅猛发展和研究领域的不断拓展，越来越多的学术期刊涌现出来，争夺有限的优质稿件和读者资源。在这种背景下，期刊之间的竞争不仅体现在学术影响力和品牌知名度上，还涉及出版速度、开放获取政策、审稿效率及用户体验等多个方面。

一、国际知名期刊出版集团

1. Elsevier

1880 年，Elsevier 于荷兰莱顿成立，怀揣推动全球学术进步的愿景，历经百余年发展，从一家小型出版机构壮大为全球知名的学术期刊和图书出版集团，旗下期刊覆盖多领域。《细胞》聚焦生命科学前沿，推动细胞与基因技术研究。《物理评论快报》专注物理学新理论，引领量子计算等方向探索。在工程技术领域，《人工智能》助力计算机科学技术革新，《材料科学与工程学报》为机械工程提供理论支持。医学领域的《柳叶刀》在疾病诊疗与公共卫生研究中发挥引领作用。社科领域的《经济研究评论》《社会力量》分别在经济学和社会学研究中成果斐然。

期刊的高质量源于严格的同行评审。投稿后，编辑初审筛选，符合要求的论文交由3~5位专家，从创新、实验、数据、学术价值等多维度评估，提出修改意见甚至重验数据，经多轮修改且获专家一致认可方可发表。凭借卓越品质与贡献，Elsevier在全球学术界声誉极高，品牌备受信赖。它拥有超2500种学术期刊及海量学术资源，覆盖基础与应用研究。

面对数字化浪潮，Elsevier搭建ScienceDirect平台，整合资源，支持多方式检索和智能推荐，可多终端访问，实现学术资源高效传播。基于强大的品牌、丰富的资源和先进的平台，Elsevier在全球学术期刊市场占据重要地位，为科研人员提供交流平台，有力推动全球学术交流与科研发展，成为学术出版领域的领军者。

2. Springer Nature

Springer Nature也是国际上具有重要影响力的学术期刊出版集团之一，旗下拥有一系列知名学术期刊品牌。其期刊在自然科学、医学、工程技术等领域具有较高的学术水平和声誉。Springer Nature注重学术创新和开放科学，积极推动数字化转型，为读者和作者提供优质的服务和体验。

与此同时，新兴的开放获取期刊（Open Access Journals）正迅速崛起，成为传统期刊的有力竞争者。开放获取期刊以互联网为载体，提供免费的论文阅读和下载服务，打破了传统期刊的订阅模式。例如，PLoS ONE、BioMed Central等开放获取期刊，凭借快速的出版周期和较低的录用门槛，吸引了大量研究者投稿。尽管开放获取期刊在学术界仍存在争议，但其创新的出版模式无疑为学术交流注入了新的活力。

3. 专业领域的其他期刊不断崛起

一些专业领域的期刊也在不断发展壮大，成为细分市场的有力竞争者。这些期刊专注于特定学科或研究方向，通过深耕细作，逐渐积累了较高的学术声誉。例如，在生物信息学领域，Bioinformatics 和 Genome Research 等期刊已成为该领域的权威出版物。这些专业期刊通常拥有稳定的读者群体和投稿作者，形成了独特的竞争优势。

为了应对激烈的市场竞争，期刊出版商纷纷采取多种策略提升自身竞争力。一些出版商通过并购其他期刊或成立新期刊品牌，扩大学术版图。例如，爱思唯尔（Elsevier）和施普林格·自然（Springer Nature）等大型出版集团，通过不断并购和资源整合，形成了庞大的期刊出版网络。此外，许多期刊还通过优化审稿流程、提高出版效率及加强与作者和读者的互动等，提升用户体验，增强吸引力。

二、国内大型期刊出版机构

1. 中国科学杂志社

中国科学杂志社隶属于中国科学院，是一家专注于学术期刊出版的专业机构。多年来，该杂志社致力于出版一系列在国内享有盛誉的学术期刊，其中包括《中国科学》系列和《科学通报》等知名品牌。这些期刊不仅在国内自然科学领域具有举足轻重的学术地位，还拥有广泛的读者群体，涵盖了各个学科领域的专家学者和研究人员。

作为中国科学研究成果展示和交流的重要平台，这些期刊为科研人员提供了展示其研究成果的舞台，促进了学术思想的传播和学术交流的深入。通过这些期刊，科研人员能够及时了解国内外最新的科研动态和学术进展，从而推动中国科学研究的不断发展和创新。中国科学杂志社的出版物不仅在国内具有广泛的影响力，在国际学术界也赢得了良好的声誉，成为中国科学界与世界接轨的重要桥梁。

2. 中华医学会杂志社

中华医学会杂志社作为国内医学期刊出版领域的重要力量，一直以来致力于出版各类医学专业期刊。这些期刊不仅涵盖临床医学、基础医学、预防医学等众多细分领域，还广泛涉及其他相关学科，如药学、护理学、公共卫生等。中华医学会杂志社出版的期刊以其高度的专业性、权威性和实用性而著称，赢得了广大医学工作者的认可和信赖。

这些期刊不仅在国内医学界享有盛誉，而且在国际上也具有一定的影响力。它们为医学研究者和临床医生提供了一个高质量的学术交流平台，促进了医学知识的传播和学术思想的碰撞。通过这些期刊，中华医学会杂志社为推动我国医学事业的发展和进步做出了不可磨灭的贡献。

此外，中华医学会杂志社还注重期刊的国际化发展，与国际知名医学期刊出版社建立了广泛的合作关系，引进了大量国际先进的医学研究成果，为国内医学研究者提供了更广阔的国际视野。同时，杂志社还积极参与国际医学期刊的编辑和出版工作，提升了我国医学期刊在国际上的地位和影响力。

三、新兴数字期刊平台

（一）知网

知网，全称为中国知网，作为中国学术领域的数字化巨擘，是国内首屈一指的学术文献数据库和数字化期刊平台。其资源覆盖范围之广令人瞩目，收录了海量的学术期刊，这些期刊涵盖了基础科学、应用科学、自然科学、工程技术、人文社会科学、艺术学等各个领域，无论是前沿的科研成果，还是经典的学术著作，都能在知网找到踪迹。同时，知网还囊括了数以百万计的学位论文，从学士、硕士到博士论文，完整记录了学术人才在不同阶段的研究探索；会议论文同样丰富，汇聚了各行业、各领域重要学术会议的精华内容，让研究者能够紧跟学术动态。此外，还收纳了其他多种学术资源，如研究报告、专利文献等，构建起一个庞大而全面的学术资源宝库。

通过知网强大的检索系统，用户仅需在搜索框中输入相关关键词，瞬间就能从浩瀚的文献海洋里精准定位到所需的学术资料和研究成果。对于学术研究人员而言，知网是他们探索未知领域的得力助手，撰写论文、开展科研项目时，能快速获取前人的研究基础，避免重复劳动；学生们可以借助知网查找参考文献，拓宽知识视野，完成高质量的课程作业和毕业论文；教育工作者则能利用知网的资源丰富教学内容，提升教学质量。不仅如此，知网为各类期刊出版机构搭建了数字化出版和传播的优质平台，传统的纸质期刊通过知网实现了数字化转型，突破了时间和空间的限制，传播效率大幅提升，原本可能局限于小范围发行的期刊，如今能被全球的学者查阅，极大地拓展了学术资源的覆盖面。

凭借着庞大的资源库和高效便捷的服务体系，知网在国内学术交流和知识传播中扮演着无可替代的关键角色。它宛如一座桥梁，将学术界的各方紧密相连，促进了学术资源的共享与利用，推动着学术研究和教育事业不断向前发展。科研人员在知网丰富的参考文献和数据支持下，能够在研究过程中少走弯路，节省大量时间和精力，专注于创新研究。同时，知网也为学术期刊和出版社提供了数字化转型的契机，使其紧跟现代科技发展潮流，在优化出版流程、提高出版效率的同时，提升了内容质量，增强了市场竞争力。

知网的影响力早已跨越国界，与国际学术界建立了广泛而深入的联系与合作。一方面，知网积极引进国际顶尖学术资源，将国际前沿的研究成果引入国内，让国内学者能够及时了解全球学术动态，接轨国际科研水平；另一方面，通过推广中国优秀学术成果，向世界展示中国学术界的研究实力和创新成果，促进了国际学术交流与合作。知网的数字化平台为全球用户提供了便捷的访问途径，使得世界各地的研究者都能轻松获取中国及其他国家的学术成果，进一步推动了全球知识的共享和传播。总之，知网在促进学术资源的数字化、便捷化和国际化方面发挥了重要作用，为学术研究和教育事业的蓬勃发展作出了巨大贡献。

（二）万方数据

万方数据，作为国内数字化期刊平台的佼佼者，在学术资源和信息服务领域展现出显著优势，凭借持续的技术创新和优质服务收获了广泛赞誉。其期刊资源宛如一座知识的百花园，从自然科学的数理化天地，到社会科学的经济、历史、哲学等领域，从工程技术的机械、电子、计算机，到人文艺术的文学、绘画、音乐等，横跨多个学科领域，为各类用户提供了丰富多样的选择。无论是潜心钻研的研究人员，还是孜孜不倦的学者，抑或是求知若渴的学生，都能在万方数据的资源海洋中找到契合自身需求的学术资料和信息。

万方数据始终秉持创新精神，通过持续的创新和优化，不断升级平台功能，提升用户体验，在竞争激烈的数字化期刊市场中脱颖而出，占据重要地位。其独特的检索系统，运用先进的算法和智能技术，能够快速准确地理解用户的搜索意图，从海量文献中筛选出最相关的内容；便捷的下载服务，支持多种格式和多种渠道的下载，满足用户在不同场景下的使用需求；全面的文献引用功能，不仅提供准确的引用格式，还能关联相关文献，帮助用户梳理学术脉络。此外，万方数据积极与国内外众多学术机构和知名出版商建立紧密合作关系，不断扩充其资源库，确保用户能够第一时间获取到最新的学术研究成果。

在数字化时代的浪潮中，万方数据凭借强大的技术实力和深厚的资源积累，为学术研究和知识传播提供了坚实有力的支持。其在数字化期刊领域的卓越表现，不仅为用户带来了高效便捷的学术体验，也为推动学术进步和创新发展注入了强大动力。万方数据不仅在学术资源的丰富性和多样性上表现卓越，还在技术创新和服务质量上持续突破，致力于为用户提供最佳的学术资源获取和研究支持。通过不断优化检索算法，提升平台性能，万方数据确保用户能够在最短时间内快速准确地找到所需的学术资料。同时，其便捷的下载服务和全面的文献引用功能，极大地提高了用户的学术研究效率，让学术研究变得更加轻松高效。

此外，万方数据十分注重与国内外学术机构和出版商的合作交流，通过积极开展合作项目、参与学术活动等方式，不断扩充资源库，确保用户能够及时获取到最新的学术研究成果。这种开放合作的态度，不仅丰富了平台的资源，也为学术界的交流与合作搭建了广阔的桥梁，促进了学术思想的碰撞与融合。在数字化时代背景下，万方数据充分发挥其技术优势，为学术研究和知识传播提供了强大的支持。通过持续的技术创新和优质服务，万方数据在数字化期刊领域取得了辉煌成就，为用户带来了高效便捷的学术体验，同时也为推动学术进步和创新发展做出了积极贡献。

（三）维普期刊

作为中国最具影响力的学术资源平台之一，维普期刊自创立之初，便始终坚守为科研工作者、高校师生及社会各界提供全面、权威学术文献资源的宗旨。其庞大的数据库犹如一座知识的宝藏，涵盖了自然科学、工程技术、农业科学、医药卫生、经济管理等多个核心领域，并不断向新兴学科和交叉学科拓展，为学术研究筑牢了坚实的基础。无论是基础理论研究，还是应用技术开发，研究者都能在维普期刊的数据库中找到丰富的参考资料。

随着科技的飞速发展，维普期刊紧跟时代步伐，不断创新和升级。为了更好地满足用户日益增长的需求，维普期刊推出了智能化的检索系统，借助自然语言处理和人工智能技术，实现了文献检索的精准化和高效化。用户只需输入简洁明了的关键词，系统便能快速理解用户意图，在海量文献中精准定位相关学术论文，大大提高了科研工作的效率，让科研人员能够将更多时间和精力投入到核心研究中。

此外，维普期刊积极推进国际化发展战略，与国际知名学术机构和数据库展开深度合作，大力引进和推广国际优秀学术资源。通过这一举措，不仅丰富了自身数据库的内容，为国内学者带来了全球前沿的学术成果，拓宽了他们的国际视野，还促进了国内外学术交流与合作，提升了中国学术在国际上的影响力。

为了进一步提升用户体验，维普期刊开发了功能强大的移动客户端，让用户随时随地进行学术研究成为可能。无论是出差途中、图书馆借阅资料，还是在家中休闲，用户只需通过手机或平板电脑，便能轻松访问维普期刊的丰富资源，真正实现了学术研究不受时间和空间的限制。移动客户端还贴心地提供了离线阅读、笔记记录和内容分享等便捷功能，用户在没有网络的情况下也能充分利用学术资源，进一步提高了学术研究的灵活性和效率。

维普期刊还定期举办各类学术活动和研讨会，邀请国内外知名学者齐聚一堂，进行学术交流和思想分享，为学术界搭建了一个高端的交流平台。这些活动不仅促进了学术思想的碰撞与交流，激发了创新思维，还为用户提供了宝贵的学习和成长机会，助力他们在学术道路上不断前行。

总之，维普期刊作为中国最具影响力的学术资源平台之一，始终致力于为用户提供全面、权威的学术文献资源，通过持续不断地创新和升级，满足用户日益多样化的需求。借助智能化检索系统、国际化合作、移动客户端及各类学术活动的举办，维普期刊为学术研究奠定了坚实基础，有力地促进了学术交流与合作，极大地提升了用户体验，为学术界的发展做出了重要贡献。

（四）龙源期刊网

龙源期刊网创立于 1998 年，在国内数字期刊领域堪称先驱者，是独具特色的中国人文大众期刊数字发行平台。在互联网技术尚处于萌芽阶段，数字化阅读概念还未普及之时，龙源期刊网就敏锐地捕捉到了数字出版的发展趋势，毅然投身于人文大众期刊的数字化转型事业，开启了一段影响深远的数字出版之旅。

经过多年的不懈努力与精心耕耘，龙源期刊网如今已汇聚了数量庞大且种类丰富的优质内容资源。平台坐拥 4200 多种全文在线的综合性人文大众类期刊，从备受瞩目的时政类期刊，到深度聚焦的党建类刊物；从专注前沿理论的管理类杂志，到洞察市场风云的财经类期刊；从传承经典的文学类刊物，到展现艺术魅力的艺术类杂志，内容全面覆盖时政、党建、管理、财经、文学、艺术等社会生活的各个领域，宛如一座琳琅满目的数字图书馆，满足不同读者多样化的阅读需求。这些期刊背后是 2500 万多篇优质版权文章，每一篇都凝聚着作者的智慧与心血，经过严格筛选与审核，确保为读者提供高质量、有价值的知识盛宴。

龙源期刊网在产品形式和服务模式上不断推陈出新，展现出强大的创新活力。其精心打造的云借阅服务，依托先进的云计算技术，打破了传统借阅模式在时间和空间上的限制。读者只需通过电脑、手机等智能终端设备，即可随时随地借阅心仪的期刊，畅享无边界的阅读，仿佛将一座图书馆握在手中。名刊会则是龙源期刊网推出的另一特色产品，它将众多知名期刊汇聚一堂，通过专题策划、深度解读等方式，为读者呈现期刊精华内容，帮助读者快速把握各领域前沿动态和热点话题，成为读者获取优质内容的便捷通道。

在知识付费领域，龙源期刊网同样扮演着开拓者的角色。它率先倡导“知识主体论”思想，坚信知识创造者应在知识传播与消费过程中占据核心地位，这一理念为知识付费模式的发展奠定了坚实的理论基础。龙源期刊网开创知识付费先河，建立起一套完善的分成共享、按篇计费、量化透明的版权解决模式。一方面，保障了作者和期刊社的版权权益，让他们能够从知识传播中获得合理回报，激发内容创作的积极性；另一方面，为读者提供灵活多样的阅读选择，读者可根据自身需求按篇购买感兴趣的文章，避免不必要的费用支出，实现知识消费的精准化和个性化。凭借在版权保护方面的卓越贡献和创新实践，龙源期刊网被权威认定为“全国版权示范单位”，成为行业内版权保护的标杆。

在阅读体验方面，龙源期刊网充分考虑读者的不同需求，提供了期刊原貌版及电子文本版两种阅读模式。期刊原貌版最大程度还原了纸质期刊的排版和设计风格，让读者在数字化阅读中也能感受到传统纸质期刊的韵味和质感；电子文本版则更加注重内容的便捷性和交互性，支持文字复制、批注、分享等功能，方便读者进行知识整理和交流互动。同时，平台配备的高效关联性搜索功能，利用先进的算法和大数据技术，根据读者输入的关键词，快速准确地关联到相关文章和期刊，大大提高了信息检索效率，让读者能够在浩瀚的知识海洋中迅速找到所需内容。

除了数字阅读服务，龙源期刊网还保留了传统纸版期刊订阅服务，充分照顾到部分读者对纸质阅读的喜爱。更为贴心的是，订阅纸版期刊的客户可享受优惠获取电子版的福利，实现纸质阅读与数字阅读的有机结合，为读者提供了更加丰富多元的阅读体验。

在移动阅读时代的浪潮下，龙源期刊网积极布局移动端业务，深度挖掘移动设备的优势和潜力。它投入大量资源为众多刊社提供 iPad 应用程序开发等服务，精心优化移动端界面设计和功能设置，使期刊内容在移动设备上的展示更加美观、流畅，操作更加便捷、人性化。无论是在通勤途中、闲暇时光，还是外出旅行时，读者都能通过手机或平板电脑轻松访问龙源期刊网，随时随地开启阅读之旅，真正实现了阅读的无处不在。

龙源期刊网凭借其丰富的资源储备、创新的服务模式和卓越的版权保护意识，在数字期刊领域树立了良好的品牌形象，成为连接作者、期刊社与读者的重要桥梁。它不仅推动了人文大众期刊的数字化进程，促进了知识的广泛传播与共享，还为数字出版行业的发展提供了宝贵的经验和借鉴，在国内数字期刊市场中占据着不可或缺的重要地位。

四、自媒体和学术博客等新兴竞争对手

（一）新兴媒体崛起对传统期刊构成竞争威胁

在当今时代，数字化浪潮以前所未有的汹涌之势席卷全球，互联网技术呈指数级迅猛发展，不断突破人们的想象边界。从早期的拨号上网，网速缓慢、信息传输有限，到如今 5G 网络广泛普及，下载一部高

清电影只需短短数秒，再展望未来6G网络带来的低延迟、高带宽的极致体验，网络技术的飞跃令人惊叹。随着网络带宽持续拓宽，传输速度不断飙升，信息传播不再受限于时空的束缚，其底层逻辑与外在格局被彻底重塑。

在这样的大环境下，自媒体与学术博客等新兴媒体形式如同一股强势的新生力量，以破竹之势迅速崛起，在网络世界中迅速扩张，如雨后春笋一般，给传统期刊行业带来了巨大的竞争威胁。这些新兴媒体之所以能在短时间内迅速抢占大量市场份额，其独特且灵活的运营模式起着关键作用。它们依托大数据与人工智能技术，借助算法推荐这一强大工具，深入挖掘与分析海量的用户数据。例如，抖音平台通过分析用户点赞、评论、转发的视频内容以及搜索关键词，精准洞察用户的兴趣偏好，为用户推送高度契合其兴趣的视频。在学术领域，学术博客通过分析学者在平台上的浏览历史、关注话题，为其精准推送最新的学术论文解读、前沿研究动态等。这种精准匹配的方式，打破了传统媒体广撒网、缺乏针对性的传播模式，大大提高了内容触达目标受众的效率。

在信息传播速度上，新兴媒体将“即时性”发挥到了极致。一旦有新闻事件突发，现场的目击者或自媒体从业者能够第一时间掏出手机，拍摄视频或撰写短文，短短几分钟内就能将信息发布到各大平台上。不管是远在千里之外的国际政治事件，还是身边社区里的新鲜趣闻，用户都能瞬间知晓。与之形成鲜明对比的是，传统期刊从选题策划、作者投稿、编辑审核，到排版印刷、最终发行，往往需要经历数月的时间。以某知名学术期刊为例，一篇稿件从投稿到发表，平均周期长达6个月，这冗长的出版周期使得传统期刊在时效性上远远落后于新兴媒体，难以满足用户对信息快速获取的需求。

不仅如此，新兴媒体还能充分利用用户在网络上留下的浏览历史、搜索记录等数据痕迹，实现高度个性化的内容定制。以小红书平台关联的自媒体账号为例，当用户在平台上搜索“减肥食谱”后，相关自媒体便会推送各种低卡美食制作教程、减肥经验分享等内容。在学术领域，学术博客能根据学者的研究方向和关注热点，为其推送最新的学术论文解读、前沿研究动态等。这种个性化定制服务，能够精准满足用户多样化的信息需求，极大地提高了用户的满意度和黏性，也使得新兴媒体在信息传播领域迅速站稳脚跟，成功吸引了大量读者的目光，让传统期刊面临着读者流失、市场份额被挤压的严峻挑战。

（二）新兴媒体的竞争优势与影响力

1. 内容传播与互动优势

在特定的专业领域和热门话题讨论中，新兴媒体展现出强大的聚合力与影响力。以学术博主为典型代表，他们凭借深厚的学术造诣和广泛的学术资源，活跃于微博、微信公众号、知乎等社交媒体平台。例如，知乎上的某知名学术博主，在人工智能领域深耕多年，他定期分享最新的研究成果、独到的学术观点以及科研过程中的心得体会。他摒弃了传统学术语言的晦涩难懂，采用通俗易懂、生动有趣的表达方式，紧密结合现实生活案例，如以自动驾驶技术为例讲解人工智能算法，让普通读者也能轻松理解复杂的学术内容。这些内容一经发布，短时间内就能收获成千上万粉丝的关注、点赞、评论与转发，在社交媒体上的影响力呈指数级增长。在某些细分学术领域，如量子计算方向，学术博主的传播效果和影响力已经超越了传统期刊，成为学术交流的重要力量。很多科研人员在开展研究前，会先参考学术博主的观点和分享，获取最新的研究思路。

2. 内容形式多样灵活

自媒体和学术博客在内容形式上大胆创新，极具多样性与灵活性。它们不再局限于传统的文字形式，而是充分融合现代多媒体技术。科普类自媒体制作的科普视频，将复杂的科学知识以精美的动画、直观的实验演示等形式呈现，让知识变得妙趣横生。比如，B 站上的某科普自媒体，通过制作精美的动画视频，将 DNA 的双螺旋结构、基因编辑技术等复杂的生物知识生动地展现出来，深受观众喜爱。学术博客则会搭配丰富的图片、图表，辅助说明学术观点，使内容更加直观易懂。例如，在讲解经济学原理时，通过绘制供需关系图表，让读者更清晰地理解价格波动的原因。这种多媒体传播方式在信息传播速度上远超传统期刊，同时也极大地提升了用户体验，能更好地满足不同用户的阅读习惯和需求，无论是喜欢视觉冲击的用户，还是偏好听觉学习的用户，都能在新兴媒体中找到适合自己的内容形式。

（三）传统期刊的应对策略

随着互联网的普及和新兴媒体的不断迭代升级，自媒体和学术博客在某些领域已经对传统期刊构成了实质性的竞争威胁。传统期刊若想在激烈的市场竞争中守住优势，必须积极求变、勇于创新。具体而言，可探索与新兴媒体开展多元化合作。

1. 借助博主影响力

在当前竞争激烈的媒体环境下，传统期刊为突破发展瓶颈，寻求与新兴媒体力量的合作是极具潜力的方向。邀请知名学术博主在期刊平台发表独家文章，便是一种极具创新性与可行性的合作方式。这些知名学术博主在各自擅长的学术领域深耕多年，通过长期在社交媒体平台上输出高质量的学术内容，积累了庞大的粉丝基数。以微博上一位专注于医学研究的博主为例，他的粉丝群体涵盖了从医科院校学生到一线临床医生等不同层次的医学爱好者，这些粉丝对博主的内容有着极高的信任度，形成了一个紧密且活跃的学术社群。

期刊与博主的合作流程严谨且细致，在确定合作意向后，期刊编辑团队会与博主深入沟通，根据期刊的定位与发展方向，结合博主的研究专长，共同确定独家文章的选题。例如，对于一本专注于前沿医学研究的期刊，邀请在基因编辑领域有深厚造诣的博主，围绕最新的基因疗法研究成果撰写独家文章。在文章创作过程中，编辑团队会与博主保持密切交流，提供专业的意见和建议，确保文章既具有学术深度，又符合期刊的风格与要求。

当博主在期刊平台发布独家文章时，其强大的影响力便开始发挥作用。博主会在自己的社交媒体账号上对文章进行宣传推广，通过发布引人入胜的预告内容、分享创作背后的故事等方式，吸引粉丝的关注。粉丝们基于对博主的信任，会主动点击链接阅读期刊平台上的文章，甚至会自发地在自己的社交圈子里进行二次传播，如转发文章、撰写推荐评论等。这一系列行为不仅为期刊带来了新的流量，还吸引了众多原本不关注该期刊的读者群体，让他们开始了解并关注期刊的后续内容，从而有效扩大期刊的读者覆盖面，提升期刊在学术领域的知名度与影响力。

2. 合作制作多媒体内容

与自媒体开展深度合作，共同制作相关视频内容，是传统期刊在数字化时代拓展传播路径、吸引读者关注的重要举措。在合作伊始，传统期刊凭借其深厚的学术资源积累，从海量的优质学术成果中筛选出具有广泛社会价值和大众关注度的内容。这些内容涵盖了科学研究的前沿突破、人文社科领域的深度见解以及技术应用的创新成果等。

自媒体则凭借其在视频制作与传播领域的专业优势，将这些学术资源进行精心策划与创意转化。专业的视频制作团队会根据不同的学术主题，量身定制独特的视频表现形式。例如，对于物理学领域的前沿研究成果，可能会运用动画特效，将微观粒子的运动轨迹和复杂的物理原理以直观、生动的方式展现出来；对于历史文化类的学术内容，通过情景再现、专家访谈等形式，增强视频的故事性和吸引力。

在视频制作过程中，传统期刊的编辑团队与自媒体创作者紧密协作。期刊编辑凭借其专业的学术素养，确保视频内容的准确性和权威性，对每一个专业术语、研究结论进行严格把关；自媒体创作者则从传播效果和用户体验的角度出发，优化视频的节奏、画面和音效，使其更符合大众的观看习惯。

当精心制作的视频发布后，自媒体平台强大的传播能力得以充分发挥。借助社交媒体的广泛传播渠道和算法推荐机制，视频能够迅速触达大量潜在观众。这些观众不仅包括对学术内容感兴趣的普通大众，还涵盖了相关领域的专业人士和学生群体。视频的广泛传播吸引了更多读者对传统期刊的关注，他们在观看视频后，被期刊丰富的学术资源所吸引，进而主动去了解期刊的其他内容。

通过这种跨界合作，传统期刊在保持自身权威性和专业性的同时，成功融入了新的传播环境，焕发出新的活力。新的读者群体不断涌入，他们带来了不同的视角和需求，促使期刊进一步优化内容和服务。传统期刊还能从自媒体那里学习到在内容创新方面的新思路以及在用户体验方面的经验，例如，如何将复杂的学术内容以通俗易懂的方式呈现，如何根据用户反馈及时调整内容形式和传播策略，从而提升自身的竞争力。

对于自媒体而言，与传统期刊合作使其获得了优质的学术内容资源，提升了自身内容的深度和专业性，增强了在知识传播领域的影响力。这种合作模式无疑是一种双赢策略，为传统期刊和自媒体在新的传播环境中实现共同发展、互利共赢奠定了坚实基础。

第三节　目标读者群体与市场需求

在信息传播的宏大版图中，期刊作为承载知识、思想与文化的重要载体，始终紧密围绕特定受众群体展开，肩负传播专业知识、助力学术进步以及满足读者求知渴望的关键使命。然而，随着时代的高速变迁，特别是新兴媒体如潮水般强势崛起，期刊行业正置身于前所未有的复杂局势之中，既面临着严峻挑战，也蕴藏着无限机遇。深入探究期刊的目标群体构成、精准把握市场需求、全面剖析竞争态势并制订切实可行的可持续发展策略，对于期刊在当下新时代背景下实现稳健发展、延续辉煌而言，具有极为重要且深远的意义。

一、期刊受众群体剖析

期刊的核心受众主要由那些对特定领域或主题怀有满腔热忱、有着深入钻研诉求的读者组成。这一群体背景丰富多样，身份也各不相同，广泛涵盖学术研究人员、专业从业者、学生以及普通兴趣爱好者，他们因共同的求知热情和对特定领域的浓厚兴趣，汇聚成为期刊的忠实拥趸。

（一）学术研究人员

在学术领域的探索之路上，学术研究人员堪称披荆斩棘的先锋，是推动学术边界不断拓展、挖掘未知奥秘的核心力量。对于学术研究人员来说，期刊就像是一座连接全球学术前沿的桥梁，是获取最新研究成果、前沿理论以及同行研究动态的关键信息枢纽。他们借助期刊，如同站在巨人的肩膀上，洞悉全球学术的最新进展，为自身的研究注入源源不断的灵感，提供坚实可靠的参考依据，从而确保自己的研究始终处于学术的最前沿，具备创新性与引领性。以物理学领域的科研人员为例，他们时刻紧盯《物理评论快报》这类在全球物理学界极具权威性与影响力的顶尖期刊，目的就是为了能在第一时间捕捉到量子计算、高能物理等前沿研究方向的最新突破，这些宝贵的信息就如同指南针，为他们的科研工作精准指引方向，提供强大的助力。

（二）专业从业者

在各自的专业领域中，专业从业者是将理论知识转化为实际应用的践行者，期刊则成为他们提升专业技能、紧跟行业动态的得力助手。以医学领域来说，医生们依靠医学期刊，及时掌握最新的诊疗技术，了解药物研发的最新成果，学习临床实践中的宝贵经验，进而在日常繁忙的医疗工作中，能够为患者提供更为优质、高效、精准的医疗服务，为患者的健康保驾护航。在金融行业，从业者们则借助金融类期刊，敏锐把握货币政策的细微调整，洞察市场趋势的风云变幻，这些信息成为他们做出科学投资决策、有效进行风险管理的支撑，帮助他们在复杂多变的金融市场中稳健前行。

（三）学生群体

无论是初涉学术领域的本科生，还是在学术道路上不断深耕的研究生，抑或是专注于学术研究的博士生，期刊在他们的学习生涯与学术成长进程中都占据着举足轻重、不可替代的关键地位。学生通过阅读期刊，打开通往知识宝库的大门，能够有效拓宽自己的专业知识面，深入了解学科的研究方法与思维模式，为后续撰写论文、开展学术研究筑牢坚实的基础。对于那些怀揣考研或考博梦想的学生而言，期刊中的学术论文更是他们了解目标院校研究方向、熟悉导师研究成果的重要窗口，通过这扇窗口，他们能够提前做好准备，明确自己的学术目标，为未来的学术之路铺就基石。

（四）普通兴趣爱好者

尽管他们并非专业领域的专家，但对特定领域那份纯粹而炽热的兴趣，驱使他们走进期刊的世界，以满足自身强烈的求知欲望。比如，对天文学充满无限遐想与热爱的普通读者，会通过阅读天文学期刊，开启一场奇妙的宇宙之旅，了解宇宙深处的奥秘、天文观测中的新发现等内容，这些知识不断丰富着他们的知识储备，满足着他们对浩瀚宇宙的好奇心。

这些读者群体无一例外地对最新的研究成果、深入透彻的理论探讨以及严谨科学的实证分析有着强烈的渴求。他们满心期待通过阅读期刊，获取最前沿的知识和信息，从而满足自身在学术研究、专业实践或个人兴趣培养等方面的多样化需求。期刊凭借持续输出高质量的学术内容，不仅充分满足了读者的求知渴望，更像是一位忠实的伙伴，陪伴他们在学术研究和专业实践的道路上一路前行，始终保持领先地位，成为他们知识成长历程中不可或缺的重要力量。

二、市场需求洞察与应对

（一）内容需求的深度与广度

从市场需求的角度来看，期刊必须是敏锐的观察者，紧紧跟随时代发展的强劲脉搏，精准洞察并极具前瞻性地预测读者群体的需求变化，致力于确保期刊内容在深度和广度上实现完美平衡与拓展。在深度方面，这就要求期刊刊载的文章能像一把锐利的手术刀，对相关领域的问题进行深入细致的剖析，层层递进，挖掘现象背后隐藏的本质和规律。以管理学领域为例，期刊不能仅仅停留在对最新管理理论的简单介绍上，还需运用丰富的实际案例进行深度分析，结合严谨的实证研究方法，深入探讨这些理论在企业实际运营中的应用效果以及如何进一步优化策略，为企业管理者提供切实可行的指导建议。在广度上，期刊应具备广阔的视野，涵盖该领域的多个研究方向和丰富多样的应用场景，以满足不同读者千差万别的多样化需求。以计算机科学期刊为例，不仅要聚焦人工智能、大数据等当下热门的技术领域，追踪这些领域的最新研究成果和应用进展，还要兼顾计算机网络安全、软件工程等基础与应用领域，为不同层次、不同需求的读者提供全面的知识服务。

（二）出版形式与传播渠道的变革

随着数字化时代的到来，期刊的出版形式和传播渠道发生了翻天覆地、脱胎换骨的深刻变革。期刊需要积极主动地顺应电子阅读和移动阅读的蓬勃发展趋势，精心搭建功能完备的在线访问、便捷下载和互动交流的综合性平台。在当今快节奏的生活中，许多读者更倾向于利用随身携带的智能手机或平板电脑，随时随地获取自己感兴趣的信息。因此，期刊在设计和开发过程中，必须将移动设备的兼容性和易用性作为重点考量因素。这不仅要求期刊的网页版和移动端应用具备简洁美观、符合现代审美潮流的界面设计，给读者带来舒适的视觉体验，还需拥有快速加载的技术保障，确保读者无须漫长等待，能够流畅无阻地阅读内容，享受高效的阅读体验。同时，期刊还应充分考虑读者的多样化需求，提供多种格式的内容下载，如 PDF、EPUB 等，满足不同读者在不同阅读场景下的阅读习惯，让读者无论身处何地、使用何种设备，都能便捷地获取期刊内容。

（三）用户体验的优化

除了内容和形式的创新变革，期刊的用户体验同样是决定其发展成败的关键因素。期刊应将打造便捷、高效的阅读环境作为核心目标，全心全意为读者着想。通过运用先进的技术手段优化搜索功能，成为读者探查知识海洋的导航仪，快速准确地找到自己感兴趣的内容。例如，提供关键词搜索、分类筛选、作者检索等多种灵活的搜索方式，满足读者不同的搜索需求，帮助读者节省大量查找信息的时间，提高阅读效率。此外，期刊还应高度重视互动交流功能的建设，积极设置评论区、论坛等互动空间，方便读者与作者、其他读者之间进行深入的交流讨论，大家可以在这里畅所欲言，分享自己的阅读心得、独特见解，甚至碰撞出思想的火花，形成一个活跃的知识交流社区。

三、竞争态势分析与应对策略

（一）竞争对手分析

在竞争激烈的期刊市场中，期刊需要时刻保持高度的警惕，密切关注市场竞争态势，深入全面地了解其他同类或相关期刊的优势与不足。通过细致入微的研究，从内容策划、市场营销和品牌建设等多个关键维度制定切实可行、行之有效的发展策略，以此提升自身在市场中的竞争力和影响力。在内容策划方面，要深入分析竞争对手的选题方向，研究他们如何把握热点、挖掘冷门，以及文章质量的把控标准、作者阵容的构成特点等，从而找出自身与竞争对手的差异，明确自身的差异化竞争点。例如，如果某同类期刊在某一热门研究领域已经凭借长期的积累和强大的资源占据了领先地位，那么本期刊可以另辟蹊径，选择另一个具有发展潜力的细分领域，集中优势资源，精心打造独具特色的内容，吸引特定的读者群体。

（二）内容与品牌提升策略

为了在激烈的竞争中突出重围、脱颖而出，一些具有前瞻性的期刊会邀请知名学者担任编委或特约撰稿人。这些知名学者凭借其在学术界的崇高声誉和深厚的专业影响力，能够为期刊内容注入强大的权威性和吸引力。例如，《自然》《科学》等国际顶尖期刊，汇聚了全球众多顶尖科学家作为编委和撰稿人，这些科学巨匠们凭借自己卓越的科研成果和敏锐的学术洞察力，为期刊筛选和创作高质量的文章，确保了期刊内容始终保持在世界学术的最前沿，具有极高的质量和权威性。此外，期刊还可以通过举办学术会议或研讨会，为学者、从业者和读者搭建一个面对面交流互动的优质平台。在这些活动中，期刊不仅能够全方位展示自身的学术成果和独特的品牌形象，还能与读者进行近距离的互动和沟通，增强彼此之间的联系，进一步扩大其在学术界的影响力和知名度。

（三）市场营销策略

在市场营销方面，期刊要充分利用社交媒体平台的强大传播力进行推广。通过在微信公众号、微博、抖音等热门社交媒体平台上发布期刊的最新文章、研究亮点、学术活动信息等内容，以生动有趣、富有吸引力的形式吸引潜在读者的关注。这些平台具有庞大的用户群体和高效的传播速度，能够让期刊的信息迅速扩散，触达更多的目标受众。同时，积极参加各类学术会议和行业展会，精心设计展示展位，展示期刊的特色和优势，与同行、作者和读者进行面对面的深入交流与沟通。通过这些多样化的市场营销手段，期刊能够有效提高其在学术界和读者中的知名度和影响力，吸引更多的优秀稿件和读者，形成一个良性循环，促进期刊的持续发展。

四、期刊可持续发展策略

（一）内容更新与优化

为了实现长期稳定的可持续发展，期刊必须如同一位不断自我革新的探索者，持续审视和调整自身的发展策略，以适应学术界和读者群体动态变化的需求。期刊编辑团队应时刻保持敏锐的学术嗅觉，密切关注学术界的最新动态，包括研究热点的转移、新理论的提出、研究方法的创新等重要信息。一旦有新的学术突破出现，例如当人工智能领域出现新的研究突破时，相关期刊应迅速反应，组织专题报道，邀请该领域的专家学者撰写深度评论文章，从不同角度为读者提供及时、全面、深入的信息解读，确保期刊内容始终与学术前沿保持同步，具有高度的相关性和时效性。

（二）品牌建设与推广

期刊还应通过多种有效的营销手段，如社交媒体推广、学术会议展示等，全方位提高其在学术界的知名度和吸引力。在社交媒体推广方面，期刊可以充分发挥微信公众号、微博、抖音等平台的优势，根据不同平台的特点和用户喜好，精心制作有趣、有价值的学术内容短视频、图文资讯等。例如，在抖音上发布简洁生动的学术科普短视频，用通俗易懂的语言讲解复杂的学术知识，吸引年轻一代读者的关注；在微信公众号上发布深度的学术文章和专题报道，满足读者对专业知识的深入需求。在学术会议展示中，期刊可以设置专门的展位，通过精心设计的展板、宣传册以及现场讲解，展示期刊的历史沿革、优秀文章、获奖成果等，向参会者全方位展示期刊的品牌形象和雄厚的学术实力，提升期刊的品牌知名度和美誉度。

（三）读者反馈与互动

期刊编辑团队需高度重视学术动态和读者反馈，建立一套完善的读者反馈机制。通过定期开展读者问卷调查，深入了解读者对期刊内容、排版设计、出版周期等方面的满意度和改进建议。例如，设计详细的问卷，询问读者对不同栏目内容的喜好程度、对文章篇幅的接受度、对排版风格的意见等，收集读者的真实想法。同时，积极回复读者的评论和私信，与读者保持密切的互动和联系，让读者感受到期刊对他们的尊重和重视。根据读者的反馈，及时调整内容方向和形式，不断优化期刊的质量和服务，确保期刊内容始终保持高质量和高相关性，满足读者的需求。

综上所述，在新兴媒体崛起的大背景下，期刊正面临着复杂多变、充满挑战的市场环境。期刊在面对目标读者群体和市场需求时，需要综合考量多方面因素，以敏锐的洞察力、果断的决策力和积极的行动力，不断调整和优化自身的定位和发展策略。只有这样，期刊才能在学术界和读者中树立起良好的品牌形象，实现可持续发展，为读者持续提供有价值的知识服务，在新时代的浪潮中续写辉煌篇章。

第二章
期刊的收入来源

期刊得以持续运营、不断发展的背后，离不开稳定且多元的收入来源作为支撑。这些收入来源如同期刊的经济命脉，维系着其从内容创作、编辑审核到发行推广等一系列环节的运转。其中，广告收入作为期刊收入的重要组成部分，在现代媒体格局下有着复杂的演变与发展态势；除此之外，还有发行收入及附加服务收入等。深入剖析期刊的这些收入来源，不仅有助于我们清晰洞察期刊行业的经济运作模式，也能为期刊在竞争激烈的市场环境中实现可持续发展提供有益的思路与方向。

第一节　广告收入

在现代媒体生态的宏大版图中，期刊作为一种历史悠久且举足轻重的传播载体，历经了漫长岁月的沉淀与发展。自诞生之初，期刊便肩负着传播知识、交流思想、记录时代的重要使命，在不同的历史时期发挥着独特的作用。从早期的学术交流刊物，到后来涵盖政治、经济、文化、生活等各个领域的综合性刊物，期刊的种类日益丰富，受众群体也不断扩大。而在期刊的运营与发展过程中，广告收入始终占据着关键地位，是维持期刊日常运营、推动内容创新以及谋求长远发展的核心经济支柱之一。

随着时代的飞速发展，期刊的形态也发生了巨大的变革。从最初单一的传统纸质期刊，到如今与数字平台深度融合的多元期刊形态，这一转变不仅改变了期刊的传播方式和读者的阅读习惯，也使得期刊广告收入的构成、获取方式以及面临的挑战都发生了天翻地覆的深刻变化。深入剖析期刊广告收入的现状、影响因素、获取策略、面临的挑战以及未来展望，对于全面理解期刊行业的经济运作模式、制订行之有效的发展策略以及准确展望行业未来走向都具有极为重要的意义。

一、期刊广告收入的现状

（一）总体规模与趋势

近年来，在数字化浪潮的猛烈冲击下，传统纸质期刊的广告收入呈现出明显的下滑趋势。根据权威市场研究机构发布的数据显示，在过去的十年间，部分传统综合性纸质期刊的广告收入降幅极为显著，甚至超过了50%。以曾经风靡一时的某综合性生活杂志为例，在2010年至2020年间，其广告收入从每年数千万元锐减至不足千万元。这主要是由于互联网新媒体的崛起，大量的广告资源被分流。然而，数字期刊广告收入虽然呈现出增长态势，但增长速度仍不足以完全弥补传统纸质期刊广告收入的损失，这使得期刊广告收入总额整体仍处于调整阶段。不过，值得注意的是，一些专业性、小众化的优质期刊，凭借其精准的受众定位和深度的内容，在竞争激烈的广告市场中依然保持着相对稳定的收入水平，甚至实现了逆势增长。例如，专注于高端摄影艺术的某小众期刊，通过为摄影爱好者提供专业的摄影技巧、器材评测等深度内容，吸引了众多摄影器材品牌的广告投放，其广告收入在过去几年中稳步提升。

（二）广告类型分布

1. 品牌展示广告

品牌展示广告在期刊广告中占据着较大的份额。许多知名品牌，如汽车、时尚、化妆品等行业，都非常注重通过在目标受众匹配的期刊上投放精美的品牌展示广告，来提升品牌形象和知名度。以时尚类期刊为例，像香奈儿、古驰等奢侈品品牌，经常在这些期刊上投放高质量的广告，通过精美的图片、独特的创意设计以及富有故事性的文案，吸引读者的目光，强化品牌的高端定位。这些广告不仅展示了品牌的最新产品，更传递了品牌的文化内涵和价值观。

2. 产品促销广告

产品促销广告在一些生活类、消费类期刊中较为常见，其主要目的是直接推动产品销售。在家居期刊中，经常可以看到各类家居用品的促销广告，这些广告通常会配合优惠活动、折扣信息、限时抢购等内容，引导读者购买。例如，某家居期刊与知名家具品牌合作，推出了一系列的促销广告，通过展示家具的款式、功能以及优惠价格，吸引了大量有家居装修需求的读者购买该品牌的家具。

3. 分类广告

分类广告曾经是地方期刊的重要广告类型之一，涵盖了招聘、房产租赁、二手交易等丰富的信息。然而，随着互联网分类信息平台的迅速崛起，如58同城、赶集网等，期刊分类广告收入大幅缩水。这些互联网平台凭借其便捷的搜索功能、海量的信息以及强大的用户互动性，吸引了大量的分类广告资源。不过，在一些特定领域，如专业人才招聘的行业期刊中，分类广告仍保留着一定的市场。例如，某医学行业期刊针对医学专业人才的招聘需求，开设了专门的招聘分类广告板块，为医疗机构和医学人才搭建了精准的对接平台，受到了行业内的认可。

（三）不同类型期刊的广告收入差异

1. 大众综合类期刊

大众综合类期刊曾经凭借广泛的受众群体，广告收入十分丰厚。但随着新媒体的发展，受众逐渐碎片化，被各类新媒体平台大量分流。如今，这类期刊的广告收入面临着较大的压力。不过，头部大众综合期刊凭借其广泛的品牌影响力和庞大的用户基础，依然能够吸引部分大型品牌的广告投放。例如，《读者》杂志作为国内知名的大众综合类期刊，虽然在新媒体冲击下广告收入有所下滑，但由于其多年积累的品牌声誉和庞大的读者群体，依然能够吸引如华为、小米等大型科技品牌的广告投放。

2. 专业行业期刊

专业行业期刊精准面向特定行业人群，广告针对性极强，广告主的投放意愿也很高。以医学期刊为例，由于其读者主要是医疗行业的专业人士，这吸引了众多医药企业、医疗器械厂商投放广告。这些广告主希望通过在医学期刊上投放广告，精准触达目标客户，推广自己的产品和服务。而且，由于专业行业期刊的专业性和权威性，广告主的忠诚度也相对较高。

3. 小众兴趣类期刊

小众兴趣类期刊虽然受众规模有限，但因其受众高度集中且黏着度高，对于契合该兴趣领域的品牌来说，具有独特的营销价值。例如，专注于模型制作的小众期刊，吸引了众多模型材料品牌、模型工具品牌的广告支持。这些品牌通过在期刊上投放广告，实现了精准营销，与目标客户建立了紧密的联系。

二、影响期刊广告收入的因素

（一）受众规模与质量

1. 受众规模

较大的受众规模意味着更广泛的传播范围，这无疑能吸引更多广告主投放。发行量巨大的新闻周刊，广告主期望借助其庞大的读者群体，提升品牌曝光度。例如《时代周刊》，作为全球知名的新闻周刊，其发行量巨大，覆盖全球多个国家和地区。众多国际知名品牌，如苹果、三星等，都曾在《时代周刊》上投放广告，希望通过其广泛的传播范围，将品牌信息传递给更多的潜在客户。

2. 受众质量

受众质量涵盖了受众的消费能力、消费意愿、行业属性等多个方面。财经类期刊的读者大多为高收入、对金融投资有强烈需求的人群，他们对金融产品广告的接受度高，且更容易转化为消费者，因此深受金融机构的青睐。像《财经》杂志，其读者主要是金融行业从业者、投资者等，这些读者具有较高的消费能力和投资意愿，对于金融机构来说，是非常优质的潜在客户群体。因此，众多银行、证券、基金等金融机构纷纷在《财经》杂志上投放广告，推广自己的金融产品和服务。

（二）内容质量与专业性

1. 深度与独特性

具有深度报道、独家内容的期刊，能够在读者心中树立起权威形象，从而大大增强对广告主的吸引力。深度调查类新闻期刊，凭借其专业的报道，吸引了众多关注社会议题的广告主。例如《财新周刊》，以其深度的财经报道、犀利的社会评论以及独家的新闻内容，在读者中树立了极高的权威形象。这也使得众多关注社会经济发展、企业社会责任的广告主，如腾讯、阿里巴巴等大型企业，愿意在《财新周刊》上投放广告，借助其平台传播品牌理念和价值观。

2. 专业性与垂直性

专业期刊凭借在特定领域的专业性，为广告主提供了精准触达目标客户的绝佳机会。科技类专业期刊，能够吸引科技企业针对行业内专业人士投放前沿技术产品广告。例如*IEEE Spectrum*，作为全球知名的科技类专业期刊，专注于电子工程、计算机科学等领域的前沿技术报道。众多科技巨头，如英特尔、英伟达等，经常在该期刊上投放广告，推广自己的最新芯片技术、人工智能产品等，精准触达行业内的专业人士和技术爱好者。

（三）品牌影响力与声誉

1. 历史与知名度

品牌历史悠久、知名度高的期刊，往往具有较高的公信力和美誉度，广告主更愿意投放广告以借助其品牌背书。百年老刊《国家地理》，凭借其悠久的历史、广泛的知名度以及在地理、自然科学领域的权威性，吸引了众多户外、旅游相关品牌的合作。例如，北面（The North Face）、哥伦比亚（Columbia）等户外品牌，经常在《国家地理》上投放广告，借助其品牌影响力，向消费者传递品牌的户外探险精神和高品质的产品形象。

2. 行业地位

在行业内处于领先地位的期刊，能够引领行业趋势，对广告主具有强大的号召力。时尚行业的权威期刊，如*Vogue*，决定着时尚潮流的走向，成为时尚品牌发布新品、展示设计理念的重要平台。每年的时尚周期间，众多时尚品牌都会选择在*Vogue*上投放广告，展示自己的最新设计作品，吸引时尚界的关注和消费者的目光。

（四）广告投放形式与创意

1. 传统形式创新

在保留传统平面广告形式的基础上进行创新，能够有效增加广告的趣味性和吸引力，提升读者的关注度。采用立体折叠、香味印刷等特殊工艺，让广告在众多传统广告中脱颖而出。例如，某香水品牌在时尚杂志上投放了一款带有香味印刷的广告，当读者翻开杂志时，便能闻到该香水独特的香味，这种创新的广告形式极大地吸引了读者的注意力，增强了广告的效果。

2. 数字广告融合

结合数字技术，推出互动式广告、视频广告等新形式，为读者带来全新的广告体验。在数字期刊中嵌入互动小游戏广告，让读者参与其中，增强广告效果和品牌记忆度。例如，某汽车品牌在数字期刊上投放了一款互动式广告，读者可以通过点击、滑动屏幕，了解汽车的外观、内饰、性能等详细信息，还可以参与虚拟试驾游戏，这种互动式广告形式大大提高了读者的参与度和对品牌的认知度。

三、期刊获取广告收入的策略

（一）精准定位与目标受众聚焦

1. 市场细分

深入研究市场需求，将期刊定位在特定细分领域，满足小众但精准的受众需求。专注于手工皮具制作的期刊，针对手工皮具爱好者，提供专业知识、制作技巧、材料选购等丰富的产品信息，从而吸引皮具材料供应商、手工工具制造商等相关广告主。例如，《手工皮具艺术》期刊，通过深入挖掘手工皮具爱好者的需求，为他们提供了一系列专业的内容，吸引了众多皮具行业的品牌投放广告，实现了精准的市场对接。

2. 用户画像构建

通过大数据分析、读者调研等方式，构建详细的用户画像，包括年龄、性别、职业、兴趣爱好、消费习惯等关键信息，为广告主提供精准的受众信息，实现精准营销。例如，某母婴类期刊通过对读者的大数据分析，了解到其读者主要为25～35岁的年轻妈妈，她们关注母婴产品的质量、安全性和性价比。基于这些信息，该期刊为广告主提供了精准的受众定位，吸引了众多母婴品牌的广告投放，如合生元、贝亲等。

（二）内容营销与广告整合

1. 原生广告创作

将广告内容与期刊内容巧妙融合，创作原生广告，既不影响读者的阅读体验，又能自然地传达广告信息。美食期刊中，以美食制作教程形式融入食材品牌广告，让读者在学习美食制作的过程中，潜移默化地接受品牌信息。例如，《贝太厨房》杂志经常在美食制作教程中，巧妙地融入金龙鱼食用油、海天酱油等食材品牌的广告，让读者在阅读美食内容的同时，了解到相关品牌的产品特点和优势。

2. 内容赞助合作

与品牌合作开展内容创作，品牌赞助期刊的专题报道、系列文章等，在内容中巧妙植入品牌元素，提升品牌曝光度和美誉度。例如，某旅游期刊与某知名旅游景区合作，推出了一系列关于该景区的专题报道，在文章中详细介绍了景区的自然风光、文化底蕴、旅游设施等内容，并巧妙地植入了景区的品牌元素和宣传信息，不仅为读者提供了有价值的旅游资讯，也提升了景区的品牌知名度和美誉度。

（三）拓展广告渠道与合作模式

1. 线上线下融合

除传统纸质期刊广告外，积极拓展数字平台广告业务，如网站广告、

APP 开屏广告、信息流广告等。同时，举办线下活动，如行业研讨会、产品发布会等，为广告主提供线下展示和推广的机会，实现线上线下广告资源的互补。例如，某财经期刊不仅在其官方网站和 APP 上投放了大量的金融产品广告，还定期举办金融行业研讨会，邀请金融机构在研讨会上展示最新的金融产品和服务，实现了线上线下广告的协同推广。

2. 联合广告投放

与其他媒体、机构合作，开展联合广告投放。与同类型期刊组成广告联盟，整合资源，共同向大型广告主争取合作机会，提高议价能力。例如，某地区的几家教育类期刊组成了广告联盟，联合向一家大型教育培训机构推销广告资源。通过整合各自的受众资源和广告优势，成功吸引了该教育培训机构的广告投放，实现了合作共赢。

（四）客户关系管理与服务优化

1. 个性化服务

根据广告主的需求，提供个性化的广告投放方案，包括广告位置选择、投放周期定制、创意策划建议等，满足不同广告主的多样化需求。例如，对于一家新成立的互联网初创企业，期刊根据其品牌定位和推广目标，为其推荐了在期刊网站首页的信息流广告位置，并制定了为期三个月的投放周期，同时提供了一系列创意策划建议，帮助该企业成功推广了产品。

2. 效果评估与反馈

建立完善的广告效果评估体系，定期向广告主提供详细的数据报告，包括广告曝光量、点击率、转化率等关键指标，根据效果反馈及时调整优化广告策略，提升广告主的满意度和忠诚度。例如，某时尚期刊通过与专业的数据监测机构合作，为广告主提供了详细的广告效果评估报告。根据报告中的数据，广告主发现某款服装品牌的广告点击率较低，于是期刊与广告主共同分析原因，调整了广告创意和投放位置，最终提高了广告的点击率和转化率，赢得了广告主的信任和长期合作。

四、期刊广告收入面临的挑战

（一）新媒体竞争压力

1. 广告份额争夺

互联网新媒体平台凭借精准的用户定位、海量的用户数据和多样化的广告形式，吸引了大量广告主，抢占了期刊的广告市场份额。社交媒体平台的信息流广告，能根据用户的兴趣和行为精准推送，深受广告主欢迎。例如，微信朋友圈广告，通过对用户的兴趣爱好、消费行为等数据的分析，实现了广告的精准投放。众多品牌纷纷将广告预算投向微信朋友圈，导致期刊的广告份额受到挤压。

2. 用户注意力分散

新媒体环境下，用户获取信息的渠道日益增多，注意力被严重分散。期刊难以像以往那样集中用户的注意力，导致广告效果受到影响，降低了广告主的投放意愿。如今，用户可以通过短视频平台、新闻客户端、社交媒体等多种渠道获取信息，他们的注意力在不同的平台之间快速切换。期刊在这种环境下，很难长时间吸引用户的关注，使得广告的传播效果大打折扣。

（二）广告主需求变化

1. 数字化转型需求

广告主越来越注重数字化营销，要求期刊提供更多数字化广告解决方案，如短视频广告、直播带货合作等。传统期刊在数字化转型过程中面临技术、人才等方面的挑战，难以快速满足广告主的需求。例如，某传统时尚期刊在面对广告主提出的短视频广告合作需求时，由于缺乏专业的视频制作团队和技术设备，无法及时提供高质量的短视频广告方案，导致广告主转向了其他具有数字化优势的媒体平台。

2. 营销效果高要求

广告主对广告投放效果的评估更加严格，期望获得可量化、高转化率的营销效果。期刊需要不断优化广告监测和评估体系，以证明自身的广告价值，这无疑增加了运营难度。如今，广告主不再仅仅关注广告的曝光量，更注重广告的转化率和投资回报率。期刊需要投入更多的资源，建立完善的广告监测和评估体系，通过数据分析来证明广告的效果，这对于期刊的运营团队来说是一个巨大的挑战。

（三）行业规范与政策限制

1. 广告法规约束

日益严格的广告法规对期刊广告内容、形式和投放规范提出了更高的要求。对医疗、药品广告的审批和监管加强，限制了部分期刊的广告业务范围，增加了合规成本。例如，新的广告法规对医疗药品广告的用语、审批流程等做出了严格规定，期刊在刊登此类广告时，需要投入更多的时间和精力进行审核和备案，确保广告内容符合法规要求，这无疑增加了期刊的运营成本。

2. 行业自律要求

期刊行业自身也在加强自律，对虚假广告、低俗广告等进行抵制。这要求期刊在广告筛选和审核过程中更加严格，可能导致部分广告业务流失。例如，某期刊在加强行业自律的过程中，拒绝了一家涉嫌虚假宣传的美容产品的广告投放，尽管失去了一笔广告收入，但维护了期刊的品牌形象和行业声誉。

五、期刊广告收入的未来展望

（一）数字化转型持续深化

1. 数字广告创新发展

随着技术的飞速进步，尤其是计算机图形学、传感器技术以及人工智能算法的不断革新，期刊的数字广告领域正迎来前所未有的创新机遇。未来，期刊将充分利用这些技术优势，推出一系列极具创新性的数字广告形式。例如，虚拟现实（VR）广告能够为用户营造出高度逼真的虚拟场景，让用户仿佛身临其境般感受产品或服务。设想一家汽车品牌在期刊的 VR 广告中，用户只需戴上 VR 设备，就能进入虚拟展厅，自由地环绕车辆，打开车门、查看内饰，甚至进行虚拟试驾，全方位体验汽车的性能与魅力。增强现实（AR）广告则通过手机或平板电脑的摄像头，将虚拟信息叠加在现实世界中，实现虚实结合的互动体验。比如，某化妆品品牌的 AR 广告，用户在阅读期刊时，用手机扫描广告页面，就能在屏幕上看到模特使用该化妆品后的效果，还能通过点击操作，更换不同的妆容，极大地增强了广告的趣味性和吸引力。这些沉浸式广告体验不仅能有效提升用户的参与度，还能让广告信息更加深入人心，显著提升广告效果。

2. 数据驱动精准营销

大数据与人工智能技术的深度融合，为期刊实现数据驱动的精准营销提供了有力支撑。期刊将进一步加大对用户数据的挖掘与分析力度，通过收集用户在浏览期刊内容、参与互动、购买行为等多方面的数据，构建全面而精准的用户画像。例如，借助人工智能的机器学习算法，对用户的阅读偏好、消费习惯、兴趣爱好等进行深度分析，预测用户的潜在需求。当某用户频繁阅读科技类文章且对智能穿戴设备相关内容表现出浓厚兴趣时，期刊便能精准推送智能手表、智能手环等相关产品的广告。这种个性化推送和精准投放方式，能够让广告与用户需求高度匹配，大大提高广告的转化率，从而吸引更多广告主投放，为期刊带来更可观的广告收入。

（二）多元化融合发展

1. 跨媒体融合

在媒体融合的大趋势下，期刊与其他媒体形式的深度融合将成为未来发展的重要方向。期刊将与电视、广播、互联网视频等媒体展开全方位的合作，整合各方资源，实现优势互补。例如，期刊可以与电视台合作制作一档与期刊内容相关的电视节目，在节目中巧妙植入期刊广告，同时借助电视台的广泛传播渠道，扩大期刊的影响力。在广播领域，期刊可以与广播电台联合推出音频节目，将期刊中的优质内容以声音的形式呈现给听众，并在节目中穿插广告。与互联网视频平台的合作则更为紧密，期刊可以将优质内容制作成短视频或网络纪录片，在视频平台上发布，吸引大量用户关注，同时在视频中融入广告元素。通过跨媒体广告合作，期刊能够打破单一媒体的传播局限，扩大传播范围，提升广告价值，吸引更多不同类型的广告主。

2. 产业融合

期刊与相关产业的融合发展将为广告收入拓展新的来源。以期刊与文化旅游产业的结合为例，随着人们对文化旅游的需求不断增长，推出文旅主题期刊具有广阔的市场前景。这类期刊可以为旅游景区、酒店、旅行社等提供全方位的广告宣传服务。期刊可以策划一系列关于热门旅游目的地的专题报道，详细介绍景区的特色景点、文化底蕴、旅游攻略等内容，并在其中巧妙植入景区的广告信息。同时，与酒店合作，推出酒店推荐板块，介绍酒店的设施、服务和优惠活动。此外，还可以与旅行社联合推出旅游线路推荐广告，为读者提供一站式的旅游信息服务。通过这种产业融合的方式，期刊不仅能够满足读者对文化旅游信息的需求，还能为相关产业提供精准的广告宣传，实现互利共赢。

（三）品牌价值提升与差异化竞争

1. 品牌塑造强化

在竞争激烈的市场环境中，期刊将更加注重品牌建设，把提升品牌价值作为吸引广告主的关键策略。期刊会通过持续提升内容质量，邀请行业内知名专家、学者撰写深度文章，确保内容的权威性和专业性。同时，优化用户体验，从期刊的排版设计、阅读界面到互动功能，都将以用户需求为导向进行改进。例如，采用简洁美观的排版风格，方便用户阅读；开发便捷的搜索功能，让用户能够快速找到所需内容；增加用户评论、分享等互动功能，增强用户黏性。通过这些努力，期刊能够强化品牌形象，提高品牌知名度和美誉度，使广告主相信在该期刊上投放广告能够借助其品牌影响力，更好地传播品牌信息，提升品牌形象。

2. 差异化内容与服务

为了在激烈的市场竞争中脱颖而出，期刊将突出差异化特色，提供独特的内容和个性化服务。不同的期刊将根据自身的定位和目标受众，打造具有特色的内容。比如，一些小众兴趣类期刊可以专注于某一特定领域的深度挖掘，提供独一无二的内容，满足小众群体的特殊需求。在服务方面，期刊将根据广告主的不同需求，提供个性化的广告解决方案。对于大型品牌，期刊可以为其策划全方位的品牌推广活动，包括线上线下广告投放、专题报道、品牌活动策划等；对于小型企业，期刊可以提供精准的广告投放服务，根据企业的目标客户群体，选择合适的广告位置和形式，帮助企业实现高效的广告宣传。通过提供差异化内容与服务，期刊能够满足不同受众和广告主的需求，实现广告收入的稳定增长。

期刊广告收入在复杂多变的市场环境中，虽面临诸多挑战，但也蕴含着创新发展的机遇。通过精准定位、内容创新、数字化转型和多元化融合等策略，期刊有望在未来的广告市场中找到新的增长点，实现可持续发展。

第二节　发行收入

期刊作为信息传播与文化传承的重要载体，其发行收入是维持运营与发展的关键经济来源之一。从传统的纸质发行到当下数字化发行并行的格局，期刊发行收入的构成、获取方式以及面临的挑战都经历了深刻变革。深入研究期刊发行收入，对于理解期刊行业的经济生态、制定科学有效的发展策略以及把握行业未来走向具有至关重要的意义。

一、期刊发行收入的现状

（一）总体规模与趋势

近年来，随着数字技术的迅猛发展和人们阅读习惯的改变，传统纸质期刊的发行规模整体呈下滑态势。据相关数据统计，过去十年间，许多综合性纸质期刊的发行量出现了显著下降，部分期刊发行量甚至腰斩。与之相对，数字期刊的发行虽有增长，但在盈利模式和市场成熟度方面仍存在不足，尚未能完全填补纸质期刊发行收入的缺口，使得期刊发行收入总额处于调整阶段。然而，一些专业性、小众化且内容优质的期刊，凭借精准的受众定位和深度的专业内容，在发行市场中依然保持着相对稳定的发行量和收入水平，甚至实现了逆势上扬。

（二）发行渠道与收入构成

1. 传统渠道

（1）零售渠道

包括报刊亭、书店等线下零售终端，曾经是期刊发行的重要渠道。读者可以直接在这些场所购买心仪的期刊，零售价格通常包含了一定的利润空间。但随着线下零售业态的萎缩，尤其是报刊亭数量的大幅减少，零售渠道的发行收入占比逐渐降低，目前在一些大型城市，零售渠道对期刊发行收入的贡献可能仅占 10%~20%。

（2）订阅渠道

涵盖个人订阅和机构订阅。个人订阅者通过邮局、期刊官网或第三方订阅平台等方式，按年度或季度订阅期刊，享受定期邮寄到家的服务。机构订阅则主要面向图书馆、学校、企业等，订阅量较大且相对稳定。订阅渠道的收入相对稳定，是许多期刊的重要收入支柱，在一些学术期刊和专业期刊中，订阅收入甚至能占到发行总收入的 50%~70%。

2. 数字渠道

（1）电子期刊平台

如万方数据、知网等，这些平台汇聚了大量的学术期刊和部分大众期刊，用户通过购买会员、单篇付费或机构采购等方式获取期刊内容。平台与期刊社按照一定比例分成，对于学术期刊而言，电子期刊平台的收入分成在发行收入中占比逐渐增大，有的可达 30%~50%。

(2) 移动应用发行

期刊通过开发自有 APP 或在其他移动阅读应用平台上发行，用户可通过下载应用、内购等方式获取期刊内容。一些时尚、生活类期刊在移动应用发行方面取得了一定成效，通过广告、付费订阅、内容付费等多种模式实现盈利，但整体收入规模仍有待进一步提升。

（三）不同类型期刊的发行收入差异

1. 大众综合类期刊

在过去，大众综合类期刊凭借广泛的受众基础和较高的知名度，拥有庞大的读者群体，发行量颇为可观，发行收入也较为丰厚。它们涵盖了新闻、文化、生活、娱乐等多个领域的内容，能够满足不同读者的多样化需求，是许多家庭和个人获取信息与休闲阅读的重要选择。以《读者》《知音》等知名期刊为例，在巅峰时期，每期发行量可达数百万份，通过零售、订阅等多种渠道，发行收入相当可观。然而，随着新媒体的迅速崛起，信息传播方式发生了巨大变革。读者获取信息的渠道变得更加多元化，大量的读者被新媒体平台分流。如今，大众综合类期刊的发行量和发行收入均受到较大冲击。虽然部分知名大众综合期刊积极寻求转型，通过品牌延伸，如推出相关的书籍、文创产品，开展线下文化活动等，同时加快数字化转型，推出电子刊、APP 等数字产品，在一定程度上维持了发行收入。但整体而言，面对新媒体的激烈竞争，它们仍然面临着较大的压力，如何在新的媒体环境中重新找回读者的关注，提升发行收入，是这类期刊亟待解决的问题。

2. 专业行业期刊

专业行业期刊的受众主要集中在特定的行业领域，虽然发行量相对大众综合类期刊较小，但读者对其依赖程度高。这些读者通常是行业内的专业人士、研究人员、从业者等，他们对期刊内容的专业性和权威性有着迫切的需求。专业行业期刊专注于某一特定行业的研究成果、技术动态、市场趋势等内容，为读者提供深度、专业的信息服务。尤其是学术期刊，往往是学术交流的重要平台，刊载的论文具有较高的学术价值。这类期刊的订阅价格相对较高，一方面是因为其内容的专业性和稀缺性，另一方面，许多学术期刊还采用机构订阅模式，各大高校、科研机构、图书馆等会批量订阅，以满足师生和研究人员的学术需求。这种机构订阅模式使得专业行业期刊的发行收入相对稳定，即使在市场环境变化的情况下，也能凭借其在行业内的不可替代地位，保持较高的认可度和市场价值。例如，在医学领域的《新英格兰医学杂志》，在计算机科学领域的《ACM 通讯》等，它们在各自的专业领域内具有极高的影响力，发行收入也较为稳定。

3. 小众兴趣类期刊

小众兴趣类期刊针对特定兴趣爱好群体发行，受众规模有限，却具有高度的集中性和忠诚度。这些期刊专注于某一特定的小众兴趣领域，如手工编织、模型制作、复古汽车等，满足了小众群体对特定兴趣内容的深度需求。由于受众的特殊性，这类期刊通常采用精准营销的方式，通过社交媒体、兴趣社群等渠道，与目标读者建立紧密联系。它们注重与读者的互动，通过社群运营，增强读者的归属感。虽然小众兴趣类期刊的发行收入总体不高，但由于其受众精准，运营成本相对较低，能够通过差异化竞争在市场中占据一席之地。部分小众兴趣类期刊还积极拓展收入来源，通过与品牌合作，在期刊内容中植入相关品牌的广告或推广活动，同时举办线下活动，如手工工作坊、模型展览、车友聚会等，不仅增加了收入，还进一步增强了与读者的黏性。比如，专注于手工皮具制作的期刊，会与皮具品牌合作推出联名产品，举办线下皮具制作课程，吸引了众多皮具爱好者的参与，实现了多元化的收入增长。

二、影响期刊发行收入的因素

（一）内容质量与特色

1. 深度与专业性

内容具有深度和专业性的期刊，能够满足读者对知识和信息的深度需求，吸引专业人士和对特定领域感兴趣的读者订阅。例如，学术期刊凭借其严谨的研究成果和专业的学术论文，在学术界具有较高的影响力，吸引高校、科研机构等订阅。

2. 独特性与创新性

具有独特视角、创新内容的期刊，能够在众多同类期刊中脱颖而出，吸引读者关注。如一些聚焦新兴文化、小众艺术领域的期刊，以其独特的内容和创新的表达方式，赢得了特定读者群体的喜爱，为发行收入的稳定增长奠定基础。

（二）品牌影响力与声誉

1. 历史与知名度

历史悠久、知名度高的期刊品牌，在读者心中具有较高的公信力和美誉度，更容易吸引读者订阅。例如，一些百年老刊，凭借深厚的历史积淀和广泛的品牌影响力，即使在数字化时代，依然拥有大量忠实读者，保持着稳定的发行收入。

2. 行业地位与口碑

在行业内处于领先地位的期刊，其对行业动态的把握和引领能力，以及良好的口碑，能够吸引更多读者关注和订阅。如时尚行业的权威期刊，凭借对时尚潮流的敏锐洞察力和专业的时尚报道，成为时尚爱好者和从业者获取信息的重要来源，发行收入持续稳定。

（三）发行渠道与营销策略

1. 渠道覆盖与便捷性

多元化、广泛覆盖的发行渠道，能够提高期刊的可获取性，方便读者购买和订阅。例如，除了传统的邮局订阅和书店零售，拓展线上订阅平台、与电商合作等，能够扩大期刊的发行范围，增加发行量。

2. 营销推广力度

有效的营销推广策略，能够提高期刊的知名度和曝光度，吸引更多潜在读者。如举办期刊发布会、参加行业展会、利用社交媒体进行宣传推广等，能够吸引读者关注，促进期刊发行。

（四）价格策略与性价比

1. 定价合理性

期刊的定价需要综合考虑成本、市场需求、读者消费能力等因素。过高的定价可能会使读者望而却步，过低的定价则可能影响期刊的盈利和质量。合理的定价能够在保证期刊盈利的同时，吸引更多读者购买和订阅。

2. 性价比感知

读者在购买期刊时，不仅关注价格，还会考虑内容质量、附加值等因素。提供丰富的内容、优质的印刷质量、独家的赠品或会员权益等，能够提高期刊的性价比感知，增强读者的购买意愿。

（五）市场竞争与读者需求变化

1. 同类期刊竞争

期刊市场竞争激烈，同类期刊之间在内容、价格、发行渠道等方面存在竞争。在竞争中，能够突出自身特色、满足读者需求的期刊，更有可能获得读者青睐，实现发行收入增长。

2. 读者阅读习惯与需求变化

随着数字技术的发展和生活节奏的加快，读者的阅读习惯和需求发生了变化。越来越多的读者倾向于数字化阅读，对内容的时效性、互动性和个性化需求增加。期刊需要适应这些变化，提供数字化内容和多样化的阅读体验，以满足读者需求，保持发行收入稳定。

三、期刊获取发行收入的策略

（一）精准定位与目标受众聚焦

1. 市场细分与差异化定位

深入研究市场需求，将期刊定位在特定细分领域，满足小众但精准的受众需求。例如，针对宠物爱好者推出的宠物养护期刊，通过提供专业的宠物养护知识、宠物用品推荐等内容，吸引宠物爱好者订阅，实现精准发行。

2. 用户画像构建与个性化服务

通过大数据分析、读者调研等方式，构建详细的用户画像，了解读者的年龄、性别、职业、兴趣爱好、消费习惯等信息，为读者提供个性化的内容推荐和服务。如根据读者的阅读历史和偏好，推送相关期刊文章和优惠活动，提高读者的订阅意愿。

（二）内容创新与优化

1. 深度内容创作与独家报道

加大对内容创作的投入，提供深度、有价值的内容，开展独家报道和专题研究，提升期刊的专业性和权威性。例如，财经期刊对重大经济事件进行深度分析和独家解读，吸引财经领域的专业人士和投资者关注。

2. 多媒体融合与互动内容开发

结合数字技术，将文字、图片、音频、视频等多种媒体形式融合，开发互动性强的内容，如在线问答、投票、视频直播等，提升读者的阅读体验和参与度。如科技期刊推出的线上科技讲座直播活动，吸引读者参与，增强读者对期刊的黏性。

（三）多元化发行渠道拓展

1. 线上线下融合发行

整合传统发行渠道和数字发行渠道，实现线上线下融合发展。除了传统的零售和订阅渠道，加强数字平台建设，推出电子期刊、移动应用等数字产品，满足读者不同的阅读需求。同时，通过线上线下活动互动，如线上宣传线下活动、线下扫码获取线上内容等，促进期刊发行。

2. 跨界合作与联合发行

与其他行业、机构进行跨界合作，开展联合发行。如与旅游景区合作，在景区内发行旅游主题期刊；与企业合作，为企业员工定制专属期刊等。通过跨界合作，拓展期刊的发行渠道和受众群体。

（四）营销策略创新

1. 社交媒体营销与口碑传播

利用社交媒体平台，如微信、微博、抖音等，进行期刊宣传推广。发布精彩内容片段、幕后故事、读者互动活动等，吸引用户关注和分享，通过口碑传播扩大期刊的影响力和知名度。如时尚期刊在社交媒体上发布时尚大片拍摄花絮，吸引粉丝关注和讨论，促进期刊发行。

2. 会员制度与增值服务

建立会员制度，为会员提供专属的增值服务，如优先阅读、独家内容、会员折扣、线下活动参与权等。通过会员制度，提高读者的忠诚度和黏性，增加发行收入。如文化期刊为会员提供与知名作家面对面交流的机会，吸引读者成为会员并订阅期刊。

（五）价格优化与促销策略

1. 灵活定价机制

根据期刊的内容特点、市场需求、发行渠道等因素，制定灵活的定价机制。如针对不同版本（纸质版、电子版、纸质电子版套装）、不同订阅周期（月度、季度、年度）制定差异化价格；针对新用户和老用户推出不同的价格优惠策略。

2. 促销活动策划

定期开展促销活动，如打折优惠、满减活动、赠品促销等，吸引读者购买和订阅。在重要节日、期刊创刊纪念日等时机，推出限时促销活动，刺激读者消费。如教育类期刊在开学季推出订阅优惠活动，吸引学生和家长订阅。

四、期刊发行收入面临的挑战

（一）新媒体冲击

1. 阅读习惯改变

互联网和移动设备的普及，使读者的阅读习惯逐渐向数字化、碎片化转变。读者更倾向于通过手机、平板等设备获取免费或低成本的信息，对传统纸质期刊的需求减少，导致期刊发行量下降。

2. 竞争加剧

新媒体平台凭借丰富的内容资源、便捷的传播方式和强大的互动功能，吸引了大量用户，与期刊形成激烈竞争。新媒体平台不仅分流了期刊的读者群体，还抢占了广告市场份额，进一步压缩了期刊的盈利空间。

（二）成本上升

1. 印刷与发行成本

纸张价格上涨、印刷工艺改进、物流配送费用增加等因素，导致纸质期刊的印刷和发行成本不断上升。在发行量下降的情况下，成本的上升使得期刊的盈利压力增大，影响发行收入的增长。

2. 数字化转型成本

期刊向数字化转型需要投入大量资金用于技术研发、平台建设、人才培养等方面。数字化转型过程中的高成本投入，对于一些资金实力较弱的期刊社来说，是一个巨大的挑战，可能会影响期刊在内容创作和发行推广方面的投入。

（三）版权保护与盈利模式困境

1. 版权保护难题

在数字环境下，期刊内容的版权保护面临诸多挑战。盗版、侵权行为屡禁不止，导致期刊社的合法权益受到损害，影响期刊的发行收入和市场竞争力。

2. 盈利模式单一

目前，许多期刊的发行收入主要依赖传统的订阅和零售模式，在数字化转型过程中，尚未形成成熟、多元化的盈利模式。数字期刊的付费订阅和内容付费模式尚未被广大读者普遍接受，广告收入在数字平台上也面临竞争和变现难题，制约了期刊发行收入的增长。

（四）市场需求变化与不确定性

1. 读者需求多样化

随着社会的发展和文化的多元化，读者的需求变得更加多样化和个性化。期刊需要不断适应读者需求的变化，及时调整内容和定位，但这对期刊的策划、创作和运营能力提出了更高要求，增加了市场风险。

2. 宏观经济环境影响

宏观经济环境的变化，如经济衰退、通货膨胀等，会影响读者的消费能力和消费意愿。在经济不景气时期，读者可能会减少对期刊等非必需品的消费，导致期刊发行量下降，发行收入受到影响。

五、期刊发行收入的未来展望

（一）数字化转型加速

1. 数字发行模式创新

随着技术的不断进步，期刊将探索更多创新的数字发行模式，如基于区块链技术的版权保护与数字发行平台，实现内容的安全分发和精准计费；利用人工智能技术实现个性化推荐和智能订阅服务，提高读者的阅读体验和订阅转化率。

2. 数字内容增值服务拓展

除了提供基本的数字期刊阅读服务，期刊将进一步拓展数字内容增值服务，如知识付费课程、在线研讨会、专家咨询服务等。通过挖掘期刊内容的深度价值，满足读者在知识学习、职业发展等方面的需求，实现多元化盈利。

（二）融合发展与跨界合作深化

1. 媒体融合发展

期刊将与其他媒体形式，如广播、电视、网络视频等进行深度融合，实现内容共享、渠道互通、优势互补。通过跨媒体传播，扩大期刊的影响力和受众范围，提升发行收入。如期刊与电视台合作制作文化节目，将节目内容与期刊内容相互关联，吸引观众关注期刊。

2. 产业跨界合作

期刊将加强与相关产业的跨界合作，如文化旅游、教育培训、电子商务等。通过与产业的深度融合，开发具有产业特色的期刊产品和服务，拓展发行渠道和收入来源。如旅游期刊与旅游企业合作，推出旅游线路定制服务，为读者提供一站式旅游体验，同时实现期刊的增值发行。

（三）品牌建设与精准营销强化

1. 品牌价值提升

期刊将更加注重品牌建设，通过提升内容质量、优化用户体验、加强品牌传播等方式，强化品牌形象和品牌价值。具有高品牌价值的期刊，能够在市场竞争中脱颖而出，吸引更多读者和广告主，实现发行收入和广告收入的双增长。

2. 精准营销策略升级

借助大数据、人工智能等技术，期刊将进一步升级精准营销策略，实现对目标受众的精准定位和个性化营销。通过精准推送内容、定制化服务等方式，提高读者的满意度和忠诚度，促进期刊发行收入的稳定增长。

期刊发行收入在当前复杂多变的市场环境中面临诸多挑战，但也蕴含着创新发展的机遇。通过精准定位、内容创新、数字化转型、多元化合作等策略的实施，期刊有望在未来的市场竞争中实现发行收入的可持续增长，为文化传承和知识传播发挥更大的作用。

第三节　附加服务

在竞争日益激烈的期刊市场中，单纯依靠内容发行与广告收入已难以满足期刊发展的需求。为了提升读者黏性、拓展盈利渠道，众多期刊纷纷推出附加服务，其中增值服务与会员制度成为重要的发展方向。这些附加服务不仅为读者带来了更丰富的体验，也为期刊自身的发展注入了新的活力。

一、增值服务

（一）增值服务的概念与范畴

期刊增值服务是在基础内容之上，为读者提供额外的、具有附加价值的服务。它涵盖多个领域，旨在满足读者多样化、个性化的需求。从内容角度看，包括深度专题报道、独家访谈、行业研究报告等延伸内容；从形式上，有线上线下活动、数字内容拓展、个性化定制服务等。例如，一本财经期刊除了常规的财经新闻报道，还为读者提供专业的投资分析报告，这就是一种增值服务。

（二）常见的增值服务类型

1. 深度内容拓展

（1）专题研究

针对某一热点或专业领域，进行深入的专题研究报道。如科技期刊针对人工智能发展趋势，推出系列专题，涵盖技术原理、应用案例、产业前景等，为专业读者提供全面且深入的知识。

（2）独家内容

凭借期刊的资源和影响力，获取独家的采访、研究成果等。时尚期刊对国际知名设计师的独家专访，为读者带来第一手的时尚资讯和设计理念。

2. 线上线下活动

（1）线下研讨会与论坛

举办行业相关的线下活动，邀请专家学者、行业从业者交流。医学期刊举办的学术研讨会，为医学科研人员提供交流平台，促进学术进步。

（2）线上直播与讲座

利用网络平台，开展线上直播和讲座。教育类期刊邀请教育专家进行线上直播，解答家长和学生关于教育方法、升学考试等问题。

3. 数字内容创新

（1）互动式数字期刊

开发具有互动功能的数字期刊，读者可以在期刊中进行评论、分享、参与投票等。如生活类数字期刊设置互动环节，让读者分享自己的生活经验和创意。

（2）多媒体内容融合

将音频、视频等多媒体元素融入期刊内容。旅游期刊为介绍旅游景点，提供景点的视频展示和语音讲解，增强读者的阅读体验。

（三）增值服务对期刊的意义

1. 提升读者满意度

通过提供丰富多彩的增值服务，期刊能够更好地满足读者的个性化需求，使读者充分感受到期刊的独特价值。这些增值服务包括但不限于深度专题报道、独家访谈、行业动态分析、互动问答环节等，旨在为读者提供更多维度的信息和知识。当读者在获取到超出预期的服务后，他们会感受到期刊的用心和专业，从而对期刊产生更强的认同感。这种认同感会转化为读者对期刊的长期支持和订阅，因为他们相信这本期刊能够持续为他们带来高质量的内容和独特的阅读体验。通过这种方式，期刊不仅能够提高读者的黏性，还能在激烈的市场竞争中脱颖而出，赢得更多的市场份额和品牌影响力。

2. 增强市场竞争力

在当今众多期刊激烈竞争的市场环境中，独特的增值服务已经成为期刊脱颖而出的关键差异化优势。当一家期刊能够提供一些其他竞争对手所不具备的独特服务时，它更容易吸引新的读者群体，并在激烈的市场竞争中崭露头角。这些增值服务可以包括但不限于提供深度的行业分析报告、独家的专家访谈、互动式的读者交流平台，甚至是个性化的定制内容。通过这些独特的服务，期刊不仅能够增加其内容的附加值，还能提升读者的忠诚度和满意度，从而在众多竞争者中脱颖而出，赢得更多的市场份额。

3. 拓展盈利渠道

增值服务可以作为一种收费项目，为期刊带来额外的收入来源。例如，一些专业期刊会提供深度研究报告，这些报告通常包含详尽的数据分析和专业见解，读者需要支付一定的费用才能获取这些内容。此外，期刊还可以通过举办线下活动来增加收入，比如学术研讨会、行业交流会等，参会者需要支付一定的费用才能参加这些活动。这些增值服务不仅为期刊带来了额外的经济收益，还提升了期刊的品牌价值和专业影响力。通过这种方式，期刊能够更好地满足读者和行业的需求，同时也为自身的发展提供了更多的可能性。

二、会员制度

（一）会员制度的构建要素

1. 会员等级设定

在许多情况下，组织或服务提供商通常会设置多个会员等级，以满足不同用户的需求和激励他们的参与。这些会员等级可能包括普通会员、银牌会员、金牌会员等不同的级别。每个等级都对应着不同的权益和服务，旨在为用户提供更多的价值和更好的体验。

会员等级的划分通常基于多个因素，包括但不限于读者的消费金额、订阅时长以及他们参与活动的程度。例如，一个读者如果长期订阅某本期刊，并且在一定年限内消费金额达到了特定的标准，那么他就有资格升级为更高级别的会员。这种升级机制不仅能够奖励那些忠实的读者，还能激励其他读者增加他们的消费和参与度，从而提升整体的用户活跃度和满意度。

通过这种多层次的会员等级设置，服务提供商能够更好地满足不同用户的需求，同时也能增强用户的黏性。每个等级的会员都能享受到不同的特权和福利，比如优先服务、特别优惠、专属活动等，这些都能进一步提升用户的满意度。总之，通过设置多个会员等级并根据用户的消费行为和参与程度进行划分，服务提供商能够更好地管理和激励他们的用户群体，从而实现双赢的局面。

2. 会员权益设计

时尚期刊的会员享有多种特权，包括优先阅读权、专属内容获取、会员折扣以及线下活动优先参与权等。具体来说，会员可以优先阅读最新一期的时尚期刊，提前获取最新的时尚资讯和潮流趋势。此外，会员还可以享受专属内容，例如独家专访、幕后花絮和深度报道，这些内容无法在其他渠道获得。在购买相关时尚产品时，会员还能享受特别的折扣优惠，节省更多开支。不仅如此，会员还能优先参加各种时尚发布会和其他线下活动，与时尚界人士近距离接触，体验最前沿的时尚盛宴。总之，成为时尚期刊的会员，不仅能享受到丰富的特权，还能全方位提升自己的时尚品位和生活品质。

3. 会员招募与管理

通过期刊的官方网站、社交媒体平台以及线下活动等多种渠道，积极招募新会员，以扩大期刊的会员基础。为了更好地管理会员信息，期刊应建立一套完善的会员管理系统。该系统详细记录每位会员的基本信息、消费记录、参与各类活动的情况以及他们的偏好和需求。通过这些数据，期刊能够为会员提供更加个性化和贴心的服务，同时也能进行精准的营销活动，确保会员能够获得他们真正感兴趣的信息和优惠。

（二）会员制度的类型

1. 付费会员制

读者通过支付一定的费用，可以成为某财经投资类期刊的会员，从而享受到一系列专属的权益。这些权益包括但不限于获取独家的投资策略、实时的市场分析以及其他增值服务。会员等级不同，服务期限也有所不同，因此付费金额会根据这些因素进行相应的调整。具体来说，会员等级越高，服务期限越长，所支付的费用也会相应增加，以确保会员能够享受到更高水平的服务和更多的特权。这种付费会员服务模式旨在为投资者提供更专业、更深入的市场洞察，帮助他们在复杂多变的金融市场中做出更明智的投资决策。

2. 积分会员制

读者可以通过多种方式积累积分，以提升他们的会员等级或兑换会员权益。具体来说，读者可以通过订阅各种期刊、积极参与线上和线下的活动，以及推荐新读者加入来获得积分。当积分累积到一定程度时，读者可以选择兑换各种会员权益，或者直接升级他们的会员等级。

此外，科普期刊可以将科普活动纳入积分会员制度，以鼓励读者更积极地参与科普知识的传播和学习。在这种制度下，读者可以通过参加科普知识竞赛、分享科普文章等多种方式获得积分。这些积分可以用于兑换各种科普书籍，或者用于参加丰富多彩的科普研学活动。通过这种方式，读者不仅能够获得知识上的满足，还能享受到实际的会员权益，进一步激发他们对科普知识的兴趣和热情。

3. 混合会员制

结合付费和积分两种方式，读者可以灵活选择适合自己的会员模式。一方面，读者可以选择通过付费成为基础会员，享受一定的会员权益；另一方面，读者也可以通过积累积分来提升会员等级，从而享受更多高级权益。例如，在文化艺术类期刊的会员体系中，读者可以选择付费成为普通会员，获得一些基础的会员福利。此外，读者还可以通过积极参与期刊组织的各种文化活动来积累积分。这些积分可以用于兑换各种高级权益，如艺术展览门票、与艺术家交流的机会等。通过这种方式，读者不仅可以享受到付费会员的基础福利，还可以通过自己的努力和参与，逐步提升会员等级，享受更多独特的文化体验和交流机会。

（三）会员制度对期刊的作用

1. 稳定收入来源

付费会员制通过为读者提供专属的阅读权限和额外的增值服务，直接为期刊带来稳定的收入来源。这种模式不仅确保了期刊在经济上的可持续性，还能够吸引并留住一批忠实的读者群体。会员们通常具有较高的忠诚度，他们会持续订阅期刊或购买相关的服务，从而为期刊提供稳定的经济支持。这种长期的经济收益不仅有助于期刊在市场竞争中保持优势，还能够为期刊的未来发展提供坚实的基础。通过付费会员制，期刊能够更好地规划和实施长期的发展战略，从而在激烈的市场竞争中脱颖而出。

2. 精准营销与读者互动

通过运用会员管理系统，期刊能够深入挖掘和了解读者的兴趣爱好、阅读习惯以及其他相关信息。这使得期刊能够进行更加精准的内容推送，确保读者能够接收到他们真正感兴趣的文章和资讯。此外，通过系统化的数据分析，期刊还可以开展更有针对性的营销活动，吸引更多的潜在读者，提高读者的满意度。

同时，会员制度不仅为期刊与读者之间提供了一个互动平台，还增强了双方的联系。通过组织各种会员专属活动、举办读者反馈调查等方式，期刊能够更直接地了解读者的需求和期望。这些宝贵的反馈信息可以帮助期刊优化内容，改进服务，从而提供更加个性化和高质量的阅读体验。通过这种双向互动，期刊能够更好地满足读者的需求，提升读者的满意度，最终实现期刊的长期发展和品牌建设。

3. 品牌建设与传播

会员对期刊的认可和支持，对于提升期刊的品牌形象具有至关重要的作用。当会员积极参与期刊的各项活动，并在享受期刊提供的各种权益的过程中，他们会将自己的亲身经历和感受分享给周围的人。这种分享不仅仅是简单的信息传递，更是一种真诚的推荐和认可。通过会员的口碑传播，期刊的品牌影响力得以迅速扩散，从而吸引更多潜在读者和会员的关注。这种正面的传播效应不仅有助于期刊在市场中树立良好的口碑，还能进一步巩固和提升期刊的品牌地位，使其在激烈的市场竞争中脱颖而出。因此，会员的认可和支持不仅是对期刊的肯定，更是期刊持续发展和壮大的重要推动力。

三、增值服务与会员制度的协同发展

（一）增值服务融入会员权益

将增值服务作为会员的专属权益，提升会员的吸引力和价值感。如将深度内容拓展中的独家研究报告、线上线下活动的优先参与权等作为会员权益。专业技术期刊的会员可以优先参加行业技术培训课程，获取最新的技术研究报告，这不仅丰富了会员权益，也提高了增值服务的利用效率。

（二）会员制度促进增值服务推广

会员制度为增值服务提供了精准的推广渠道。期刊可以根据会员的兴趣和需求，向不同等级的会员推荐适合的增值服务。例如，对于旅游期刊的高级会员，推荐高端定制旅游线路策划等增值服务，因为高级会员通常具有更强的消费能力和旅游需求。通过会员制度的精准推广，提高增值服务的销售转化率。

（三）协同发展对期刊的综合效益

提升期刊盈利能力：增值服务与会员制度的协同发展，通过增加会员数量、提高会员消费频次和金额，以及拓展增值服务的销售，显著提升期刊的收入。如会员购买增值服务的比例增加，为期刊带来更多的盈利点。

优化读者体验：两者协同为读者提供了更加丰富、个性化的服务。读者在成为会员后，能够享受到一系列增值服务，满足其多样化的需求，从而提升读者对期刊的满意度和黏性。

增强期刊竞争力：协同发展形成的独特服务模式，使期刊在市场中具有更强的竞争力。与其他期刊相比，能够提供更完善的会员权益和增值服务的期刊，更容易吸引读者和广告主，促进期刊的可持续发展。

四、实施过程中的挑战与应对策略

（一）面临的挑战

1. 成本控制

为了提供增值服务和运营会员制度，我们需要在多个方面进行大量投入，这包括但不限于内容创作、活动组织、技术开发和人员管理等。这些方面的成本投入可能会对期刊的盈利产生一定的影响。以举办线下活动为例，我们需要支付场地租赁费用、邀请嘉宾的费用以及活动策划的相关开支。然而，如果参与活动的人数不足，这些成本将难以得到有效的回收，从而进一步影响期刊的经济效益。

具体来说，内容创作需要聘请专业的撰稿人和编辑，以确保内容的质量和吸引力。活动组织则涉及场地的选择、布置以及与供应商的协调，以确保活动顺利进行。技术开发方面，需要投入资金进行网站和应用程序的开发和维护，以提供更好的用户体验。人员管理则需要投入时间和资源进行员工培训、团队建设和绩效管理，以确保团队的高效运作。

此外，举办线下活动需要场地租赁、嘉宾邀请、活动策划等费用。场地租赁需要提前与场地所有者协商，确保场地的可用性和适宜性。嘉宾邀请则需要考虑嘉宾的知名度、专业背景以及与活动主题的契合度，以吸引更多的参与者。活动策划则需要精心设计活动流程、互动环节以及现场布置，以确保活动的顺利进行和参与者的满意度。

然而，如果参与人数不足，这些成本将难以得到有效的回收。场地租赁费用、嘉宾邀请费用以及活动策划的相关开支都需要在活动开始前支付，而参与人数的不足将直接影响到活动的收入。如果收入无法覆盖成本，期刊的经济效益将受到负面影响，甚至可能导致亏损。因此，在策划和组织线下活动时，我们需要充分考虑市场需求和参与者的兴趣，以确保活动的成功和期刊的盈利。

2. 服务质量保障

随着增值服务和会员权益的不断丰富和增加，确保和保障这些服务的质量已经成为一个亟待解决的重要问题。如果期刊不能在规定的时间内提供高质量的内容、活动组织混乱无序、会员服务不到位等问题，将会导致读者的满意度显著下降，进而影响期刊的声誉和品牌形象。为了应对这些挑战，期刊需要制定详细的服务标准和流程，加强内部管理和培训，确保每一位员工都能提供优质的服务。同时，期刊还需要建立有效的反馈机制，及时了解读者的需求和意见，不断改进和优化服务，以满足读者的期望，从而提升整体的服务质量和读者满意度。

具体来说，期刊可以通过以下几个方面来确保服务质量：首先，制定明确的服务标准，包括内容质量、活动组织、会员服务等方面的具体要求，确保每一项服务都能达到预期的标准。其次，加强内部管理，建立完善的监督机制，确保各项服务能够按照既定的标准执行。此外，定期对员工进行培训，提高他们的专业技能和服务意识，使他们能够更好地满足读者的需求。最后，建立有效的反馈机制，通过读者调查、意见箱、在线反馈等方式，及时收集读者的意见和建议，不断改进服务，提升读者的满意度。

通过这些措施，期刊可以有效地解决服务质量问题，提升读者的满意度，从而增强期刊的声誉和品牌形象，吸引更多读者的关注和订阅。

3. *读者需求把握*

要精准地理解并满足读者对增值服务和会员权益的期望并非一件轻而易举的事情。随着市场的不断变化和发展，读者的兴趣和需求也在不断地演变和升级。如果期刊所提供的服务内容无法与读者的实际需求保持同步，那么期刊将很难吸引读者的积极参与和关注。

为了确保期刊能够提供符合读者期望的增值服务和会员权益，期刊编辑和运营团队需要密切关注市场动态，深入分析读者的反馈和建议。通过定期进行市场调研和读者调查，期刊可以更好地了解读者的兴趣点和需求变化，从而有针对性地调整和优化服务内容。

此外，期刊还可以通过举办各种互动活动和读者见面会，直接与读者进行面对面的交流，了解他们的具体需求和期望。通过这些活动，期刊不仅可以收集到宝贵的读者意见，还能增强读者对期刊的归属感。

总之，只有通过不断的努力和创新，期刊才能在激烈的市场竞争中脱颖而出，赢得读者的青睐和支持。只有真正把握住读者的需求，期刊才能提供真正有价值的增值服务和会员权益，从而实现可持续发展。

（二）应对策略

1. 成本优化

为了确保增值服务和会员制度的运营成本得到合理控制，期刊需要通过一系列措施来优化资源配置，提高整体效率，从而降低不必要的开支。具体来说，可以与合作伙伴共同使用活动场地，这样不仅能分摊场地费用，还能增加合作机会，提升活动的影响力。此外，利用线上平台组织活动可以大大减少场地租赁、布置等传统成本，同时还能扩大活动的覆盖面，吸引更多会员参与。

在会员管理方面，采用自动化会员管理系统是降低人工成本的有效手段。通过智能化的系统，可以实现会员信息的自动录入、更新和维护，减少人工操作的烦琐和错误。此外，自动化系统还可以提供数据分析功能，帮助期刊更好地了解会员需求，优化服务内容，提高会员满意度。通过这些措施，期刊可以在确保服务质量的前提下，有效控制运营成本，实现增值服务和会员制度的可持续发展。

2. 服务质量监控

为了确保期刊的服务能够持续满足客户的需求，必须构建一个完善的服务质量监控体系。该体系将对增值服务和会员服务进行全方位且定期的评估与反馈。通过设定一系列具体的服务质量指标，期刊能够更精准地衡量和优化所提供的服务。这些指标涵盖内容更新的及时性，确保客户获取最新信息；活动满意度，通过客户反馈评估活动的质量和吸引力；以及会员投诉处理的效率，确保客户的投诉得到迅速且有效的解决。

借助这些评估结果，期刊可以及时发现服务中的短板，并采取针对性的改进措施。例如，若内容更新不及时，将优化内部流程，加速信息传递；若活动满意度不高，将重新设计活动方案，增强互动性和趣味性，提升客户参与度；若会员投诉处理效率低下，将改进投诉处理机制，提升员工培训水平，确保客户的每一个问题都能得到迅速且满意的解决。

总之，通过建立完善的服务质量监控体系，并根据评估结果及时优化服务，持续提升客户满意度，增强客户忠诚度，从而在竞争激烈的市场中脱颖而出。

3. 市场调研与数据分析

为了更好地满足读者的需求，期刊必须强化市场调研工作。通过多元化的手段，如发放问卷调查、开展读者访谈以及深度分析数据，更全面地洞察读者的真实需求。问卷调查可以设计多样化的问题，覆盖读者的阅读偏好、内容需求以及对现有服务的满意度等多个维度。读者访谈则能更直接地收集读者的反馈和建议，帮助决策层捕捉到一些问卷调查难以发现的细微之处。数据分析则借助先进的技术手段，对读者的行为数据进行深度挖掘，揭示潜在的规律和趋势。

此外，还需深入分析会员的行为数据和消费记录，以更精准地把握读者的兴趣点和需求变化趋势。通过对会员的阅读习惯、购买行为以及互动频率等数据的综合剖析，识别哪些内容或服务更受青睐，哪些方面尚有改进空间。基于此，期刊有针对性地调整和优化增值服务和会员权益，确保其更契合读者的需求。

综上所述，期刊通过全方位的市场调研和数据分析，持续优化产品和服务，提供更符合读者期待的内容，从而有效提升读者的满意度和忠诚度。

五、未来发展趋势

（一）个性化与智能化服务升级

随着人工智能和大数据技术的迅猛发展，期刊的增值服务和会员制度将更加注重个性化和智能化。通过对读者数据的深度分析和挖掘，期刊可以为会员提供更加精准和个性化的推荐服务。例如，根据读者的阅读历史、兴趣偏好以及行为习惯，期刊可以推荐适合的增值服务和内容，从而提升会员的阅读体验和满意度。此外，智能客服也将广泛应用于会员服务中，提供 24 小时全天候在线服务，实时解答会员的各种疑问，帮助会员更好地利用期刊资源，提升会员的忠诚度和满意度。通过这些智能化和个性化的服务，期刊可以更好地满足会员的需求，提升自身的竞争力和影响力。

在未来的期刊服务中，人工智能和大数据技术将发挥更加重要的作用。期刊将利用这些技术，对读者的阅读行为进行实时监控和分析，从而更好地了解读者的需求和偏好。期刊将根据这些数据，为读者提供更加精准的个性化推荐，如推荐相关的学术论文、行业报告、专题讲座等，帮助读者更好地获取所需信息。此外，期刊还将利用大数据技术，对读者的阅读行为进行预测，提前为读者准备相关的资源和服务，提升读者的阅读体验。

在智能客服方面，期刊将采用先进的自然语言处理技术，使智能客服能够更好地理解和回应会员的问题。智能客服将能够处理各种复杂的查询，提供个性化的建议和解决方案，帮助会员更好地利用期刊资源。此外，期刊还将利用人工智能技术，对会员的反馈进行分析，不断优化服务流程和内容，提升会员的满意度。

总之，随着人工智能和大数据技术的发展，期刊的增值服务和会员制度将更加注重个性化和智能化。期刊将通过这些技术，为会员提供更加精准和个性化的服务，提升会员的阅读体验和满意度，从而提升自身的竞争力和影响力。

（二）跨领域合作拓展服务边界

期刊将积极寻求与更多不同领域的企业和机构展开合作，以拓展其增值服务和会员权益的边界。例如，期刊可以与金融机构携手合作，为会员提供一系列专属的金融服务，包括但不限于定制化的理财方案、优惠的贷款利率以及便捷的支付工具等。这些服务将为会员带来实实在在的经济利益，提升他们的金融生活品质。

与此同时，期刊还可以与教育机构建立合作关系，共同推出会员专属的教育培训课程。这些课程将涵盖各种领域，如商业管理、信息技术、艺术设计等，满足会员在不同阶段的学习需求。通过这些课程，会员不仅能够提升自身的专业技能，还能拓展知识视野，增强个人竞争力。

通过这种跨领域的合作模式，期刊将能够为读者带来更多元化的服务体验。无论是金融、教育，还是其他领域的合作，期刊都将致力于为会员提供最优质、最全面的服务，帮助他们在各自的领域中取得更大的成功。这种多元化的服务不仅能够增强会员的忠诚度，还能吸引更多潜在读者的关注，进一步扩大期刊的影响力和市场份额。

（三）社交化互动增强会员黏性

在未来的会员制度中，将会更加注重社交化互动的元素，致力于打造一个充满活力的会员社区。在这个社区中，会员们不仅可以交流心得、分享经验，还可以积极参与各种话题讨论，从而进一步增强会员之间的联系和对期刊的归属感。期刊编辑部可以通过这个会员社区，及时收集读者的反馈意见，进而促进内容和服务的不断优化与提升。

以美食期刊为例，其会员社区将成为一个美食爱好者的聚集地。会员们可以在这里分享自己的美食制作心得，推荐各种优质食材，甚至交流烹饪技巧。期刊编辑部可以充分利用这些宝贵的读者反馈，策划并推出与会员兴趣紧密相关的内容专题，举办各种美食活动，从而进一步提升会员的参与度和满意度。

期刊的增值服务与会员制度作为重要的附加服务，在提升读者的整体体验、拓展盈利渠道、增强市场竞争力等方面发挥着至关重要的作用。尽管在实施过程中可能会遇到一些挑战，例如如何有效地管理和运营会员社区、如何持续提供高质量的增值服务等，但只要通过合理的策略应对和不断的创新发展，这些挑战将被逐步克服。通过这种方式，会员制度和增值服务将为期刊行业的未来发展注入更多新的机遇和活力，推动整个行业朝着更加繁荣和多元化的方向发展。

第三章
期刊的成本结构

在期刊行业蓬勃发展又竞争激烈的当下，想要在市场中站稳脚跟并实现可持续发展，就必须深入了解自身运营的各个关键环节，其中成本结构是极为重要的一环。期刊作为知识传播与学术交流的重要载体，从内容策划、采编创作，到印刷制作、发行推广，每一个流程都伴随着资金的投入。成本结构不仅直接影响着期刊的定价策略、盈利水平，更与期刊的内容质量、市场竞争力紧密相连。清晰剖析期刊的成本结构，不仅有助于期刊管理者合理规划预算、优化资源配置，还能为期刊在复杂多变的市场环境中找准方向，以精准的成本控制助力期刊实现高质量发展，在新时代的浪潮中脱颖而出。

第一节　期刊成本结构概述

一、期刊成本的定义与范畴

期刊成本是指期刊出版单位在编辑、复制、发行以及管理等一系列活动过程中所支付的各种费用总和。它不仅包括内容策划、创作、审核这些前期工作，还涵盖印刷制作（对于纸质期刊）、数字平台搭建与维护（对于网络期刊）这些技术性较强的工作，以及市场推广、发行配送这些后期工作。此外，日常运营管理等各个环节所消耗的人力、物力和财力资源也是期刊成本的重要组成部分。这些成本的发生，直接关系到期刊的定价策略、盈利能力以及可持续发展能力，是影响期刊整体运营状况的关键因素。

二、成本分类的理论基础

根据成本的性质和行为，我们可以将期刊的成本细分为两大类：固定成本和变动成本。固定成本，顾名思义，是在特定的时间段内以及一定的业务量范围内，其总金额不会随着业务量的增减而发生变化的成本。这类成本包括但不限于办公场地的租金、用于购置必要设备的费用，以及编辑人员的基础工资等。固定成本的一个显著特点是，在一定的业务量范围内，单位固定成本与业务量之间呈现出一种反比的关系。也就是说，当业务量增加时，单位固定成本会相应地降低；反之，如果业务量减少，单位固定成本则会上升。变动成本是指那些总额会随着业务量的变动而按比例增减的成本，包括纸张费用（对于传统的纸质期刊而言）、根据发行量支付的发行费用，以及作者的稿酬（如果稿酬是按照文章发表的数量或者字数来计算的话）。变动成本的单位成本通常保持稳定，但其总成本会随着业务量的增加而增加。这种将成本划分为固定和变动两类的方法，对于期刊出版单位来说，具有重要的实际意义。它不仅有助于进行更为精确的成本分析，还能够为成本预测和决策提供有力的数据支持。通过这种方式，出版单位可以更加合理地调整业务量和成本结构，从而有效地控制成本，提高经营效率。

三、传统期刊与网络期刊成本结构的差异

传统期刊，作为以纸质媒介为主要传播载体的出版物，其成本结构呈现出一些独特的特点。在印刷制作环节，纸张、油墨、印刷设备以及装订工艺等方面的费用占据了相当大的比重；这些环节的成本是传统期刊不可忽视的一部分。此外，发行环节也涉及一系列物流成本，包括运输、仓储、投递等，这些都直接关系到传统期刊的最终成本。同时，与发行渠道商的合作费用也是传统期刊运营中不可忽视的一环。而网络期刊，作为依托数字化平台进行传播的新型出版形式，其成本结构则明显侧重于数字技术方面的投入。例如，服务器租赁费用、软件开发与维护费用、网络安全防护等费用，这些都成为网络期刊运营中的重要组成部分。同时，内容数字化处理、电子文档管理等环节也会产生相应的成本。此外，网络期刊在

市场推广方面更依赖于网络营销手段，这与传统期刊的线下推广方式形成鲜明对比，其成本构成也有所不同。这种成本构成的差异，不仅反映了不同传播模式下期刊运营的特点，也揭示了成本驱动因素随着传播模式变化而发生变化。

第二节 期刊成本的具体构成

一、直接成本

直接成本是指在生产过程中直接与产品制造或服务提供相关的成本。这些成本可以明确地归因于特定的产品或服务，通常包括原材料的费用、直接劳动成本以及直接分配的制造费用。直接成本的计算对于确定产品的实际成本和定价策略至关重要，因为它直接影响到企业的利润水平和市场竞争力。

（一）内容创作与获取成本

内容是期刊的灵魂，它直接决定了期刊的品质和价值。因此，在内容创作与获取的过程中所产生的各种成本，是构成期刊整体成本的重要组成部分。这些成本包括但不限于支付给作者的稿酬、校订费用，以及为了确保能够获取到高质量内容而不得不投入的信息收集、市场调研和专家咨询等各项费用。在稿酬的支付方式上，存在多种不同的做法，有的期刊会根据文章的字数来计算稿酬，有的则会根据文章的质量和其可能产生的影响力来给予作者不同等级的报酬。还有一些期刊采用版税形式，即根据期刊的发行量或销售额向作者支付一定比例的费用作为稿酬。对于那些专业性极强的期刊来说，为了保证内容的精确性和权威性，通常需要邀请相关领域的行业专家来进行内容的校订工作，这自然也会带来相应的费用支出。除此之外，为了能够获取独家内容或最新的研究成果，期刊可能需要投入相应的资源进行信息收集和开发研究工作，这可能包括参加各种学术会议、与不同的研究机构建立合作关系等多种方式。这些活动不仅能够帮助期刊获取到高质量的内容，同时也能够提升期刊的知名度和影响力，从而吸引更多的读者和作者，形成一个良性循环。

（二）生产制作成本

1. 传统纸质期刊

纸张费用构成了生产制作成本中的一个关键部分，纸张的质量、规格以及用量都会对成本的高低产生直接影响。针对不同类型的期刊，对纸张的要求也各不相同。例如，学术期刊往往更加注重纸张的耐久性和印刷效果，因此它们倾向于选择高品质的纸张，这自然会导致成本的相对提高；与此同时，大众消费类的期刊则会根据自身的成本预算和市场定位来选择合适的纸张，以期在成本控制和质量之间找到一个平衡点。油墨费用同样与印刷工艺和印刷数量紧密相关，采用先进的印刷工艺可能需要使用到特殊的油墨，这无疑会使得成本有所增加。印刷设备的购置、维护以及折旧费用也是生产成本中不可忽视的一部分。大型的印刷企业通常会配备先进的印刷设备，这使得它们能够实现高效和高质量的印刷工作，但与此同时，这些设备的成本也相当高昂。相对而言，一些小型的期刊出版单位可能会选择将印刷工作委托给外部的印刷厂来完成，这样一来，他们需要支付一定的印刷加工费用。此外，装订工艺的选择也会对成本产生影响，通常情况下，精装装订的成本要高于平装装订。

2. 网络期刊

数字化制作成本是一个涉及多个方面的复杂过程，它主要包括内容的数字化转换、排版设计以及数字平台的搭建与维护。在将传统的文字、图片、音频、视频等内容转换为数字格式的过程中，不仅需要依赖于先进的技术和精密的设备，还涉及数据录入、格式转换、图像处理等一系列复杂的工作。这些工作不仅需要专业的技术人员进行操作，而且每一步都可能产生相应的人力和技术成本。例如，图像处理可能需要使用到图像增强、色彩校正等技术，而音频和视频的数字化则可能需要进行编码转换和质量优化，这些都需要专业的知识和技能。

数字平台的搭建是一个更为庞大的工程，它需要投入大量的资金进行软件开发、服务器租赁、系统集成等。在这个过程中，软件开发团队需要设计出既符合用户需求又具备良好扩展性的平台架构，而服务器租赁则需要考虑到数据存储的容量、访问速度和安全性。系统集成则涉及将不同的软件模块和硬件设备无缝连接，确保整个平台的高效运转。搭建完成之后，数字平台还需要持续的维护和升级，以确保平台的稳定性、安全性和用户体验。例如，为了应对大量用户的访问，需要配备高性能的服务器和专业的技术团队进行运维管理，这些都需要额外的费用。此外，随着技术的不断进步和用户需求的变化，平台可能还需要定期进行技术升级和功能扩展，以保持其竞争力。因此，数字化制作成本的控制和管理是一个需要精心策划和持续关注的长期任务。

（三）其他直接成本

选题策划作为期刊出版的前期关键步骤，不仅需要投入大量的人力资源，还需要花费相当的时间进行市场调研、选题论证以及制订编辑计划等环节。这些环节所涉及的成本与特定的期刊品种直接相关，是确保期刊质量和市场竞争力的基础。设计制图费用涵盖了期刊封面设计、内页插图绘制、图表制作等多个方面。一个精心设计的封面和内页插图能够显著提升期刊的视觉吸引力，增强品牌形象，但与此同时，这些设计工作也会带来额外的成本。对于那些专题性较强的期刊，或者围绕特定主题开展的项目，通常会组织专题会议，邀请来自不同领域的专家学者进行深入的研讨和交流。这些会议的组织不仅包括场地租赁费用，还有设备租赁、专家差旅费等其他直接成本，这些都是确保期刊内容质量和深度不可或缺的部分。

二、间接成本

（一）编辑部门费用

编辑部门在确保期刊内容质量方面扮演着至关重要的角色，他们如同守门人一般，确保每一篇发表的文章都达到了一定的标准。这个部门的费用在期刊整体成本中占据着不可忽视的一部分。编辑人员的薪酬结构通常包括基本工资、绩效工资、奖金以及各种福利待遇。这些薪酬的高低往往取决于编辑的专业技能水平、丰富的工作经验以及他们在工作中的具体职责和分工。由于这些因素的差异，编辑人员之间的薪酬水平也会呈现出一定的差异性。

除了直接的人力成本之外，编辑部门还必须承担一系列的办公费用。这些费用包括但不限于办公场地的租赁费用、办公设备的购置与维护费用（例如电脑、打印机、复印机等），以及日常运营中不可或缺的水电费、通信费等。此外，为了保持与行业发展同步，编辑人员需要不断地获取最新的行业信息，并通过参加各类培训、研讨会、学术活动等方式进行业务交流。这些活动虽然不能直接与某一期的期刊内容直接关联，但它们对于编辑人员的专业成长和期刊质量的提升是必不可少的。因此，这些差旅费和会议费也应被视为与编辑工作密切相关的间接成本，并需要通过合理的分摊方法，将这些费用合理地分配到每一期期刊的成本中去。

（二）编录经费

在期刊运营体系里，期刊编录经费至关重要，直接影响期刊内容质量与产出效率，关乎期刊的生存发展。这部分经费主要涵盖人员薪酬、资料收集与版权费用、编录设备与软件成本以及其他杂项费用。人员薪酬支出包含编辑团队工资、奖金、福利、培训费用，还有外部专家评审费；资料收集需购买数据库权限、获取素材版权以及委托调研等；编录设备与软件涉及电脑、排版和办公软件购置维护费用；杂项费用则有办公场地开销、办公用品采购、参会差旅费等。

合理投入和有效管理期刊编录经费是保障期刊内容质量的关键。充足经费能吸引人才、获取资源、配备先进设备软件，提升期刊学术水平与吸引力；经费不足则会导致编辑团队不稳、资料收集受限、设备软件落后，影响期刊质量与竞争力。所以，期刊管理者要重视编录经费管理，合理规划预算、优化资源配置，为期刊可持续发展筑牢基础。

三、期间费用

（一）销售费用

为了将期刊推向市场，实现销售目标，期刊出版单位需要投入销售费用。销售人员的工资、奖金、提成以及福利构成了人力成本部分，销售人员的业绩直接影响期刊的发行量和市场份额，因此合理的薪酬激励机制对于促进销售至关重要。宣传推广费用是销售费用的重要组成部分，包括广告投放费用，如在相关行业媒体、网站、社交媒体平台上投放广告，以提高期刊的知名度和曝光度；举办促销活动，如打折销售、订阅优惠、赠送礼品等，吸引读者订阅；参加各类展会、书展、学术会议等，展示期刊成果，拓展客户资源，这些活动都需要支付场地租赁、展位布置、展品运输等费用。此外，为了方便读者购买，期刊可能会与邮局、书店、电商平台等合作，支付相应的发行渠道费用。

（二）财务费用

期刊出版单位在筹集生产经营所需资金的过程中，会产生财务费用。如果期刊通过贷款获取资金，需要支付贷款利息，利息支出的多少取决于贷款金额、贷款利率和贷款期限。例如，一些期刊为了扩大规模、更新设备或进行数字化转型，可能会向银行申请贷款，每年需要支付一定数额的利息。此外，在资金筹集过程中，还可能涉及手续费、佣金等费用，如发行债券时支付给承销商的佣金，办理银行转账、汇款等业务时支付的手续费。财务费用的高低直接影响期刊的盈利能力，合理的资金筹集和运用策略能够降低财务成本。

（三）管理费用

在期刊出版单位的日常运营中，为了有效地组织和管理整个经营活动，会涉及一系列的管理费用。这些费用是确保期刊能够顺利出版和发行的关键支出。其中，管理人员的薪酬构成了管理费用的一个重要部分，这不仅包括了高层管理人员的薪资和奖金，也涵盖了中层管理人员以及行政管理人员的工资、奖金、福利等。这些薪酬的支付是激励员工、保持团队稳定和高效运作的基础。

除了人员薪酬之外，行政管理费用也是管理费用中不可或缺的一部分。这部分费用主要涉及办公设施的购置与维护，例如购买新的办公家具、更新和升级办公软件等，这些都是为了保证员工能够在一个良好的环境中工作，提高工作效率。同时，办公场地的物业管理费、安全保卫费等也是行政管理费用的一部分，这些费用确保了办公场所的正常运作和员工的人身安全。

此外，期刊出版单位为了制定长远的发展战略、进行深入的市场分析、开展全面的内部审计等工作，可能会聘请外部咨询机构或专家，以获取专业的意见和建议。这些活动产生的咨询费用也是管理费用的一部分。管理费用的支出，虽然不直接与期刊的出版和发行相关，但对于期刊的整体运营效率和管理水平有着深远的影响。通过合理地规划和控制管理费用，期刊出版单位能够更好地实现其经营目标，提升市场竞争力。

第四章
期刊的运营策略

在信息技术飞速发展的当下，信息传播的载体与方式不断迭代更新。传统的报纸、期刊、广播和电视，虽在各自领域持续发展，但经营观念、方式与策略的竞争从未停歇。期刊作为传统传播业的一员，在21世纪更是加快了改革步伐，积极借鉴现代管理与经营办法。一套有效的运营策略对期刊的生存与发展至关重要，它关乎期刊在市场中的地位和影响力，以及能否持续为读者输送有价值的内容。深入探究期刊运营策略，挖掘其在新时代背景下的发展密码，有助于期刊认清自身定位，创造优质内容，获得高质量发展。

第一节　内容策划

在信息爆炸的时代，期刊作为知识传播与文化交流的重要载体，面临着激烈的市场竞争。读者获取信息的渠道日益多元化，对期刊内容的要求也越来越高。对于期刊而言，如何进行有效的内容策划，生产出满足读者需求、具有独特价值的内容，成为其在市场中立足与发展的关键。

一、期刊内容策划的重要性

（一）满足读者需求

读者构成了期刊的核心服务对象，确保他们的需求得到满足是期刊能够持续存在和发展的根本宗旨。为了达到这一目标，期刊出版人必须进行深入的市场调研和细致的读者分析工作。通过这些研究，出版人能够洞察读者的兴趣爱好、知识需求以及阅读习惯等关键信息。有了这些宝贵的数据，出版人就能够有针对性地策划和设计期刊内容，确保内容的吸引力和实用性。以科普类期刊为例，出版人会根据不同的年龄段，深入分析读者对科学知识的接受能力和兴趣点。针对儿童读者，他们可能会策划更多充满趣味性和互动性的科普内容，比如通过漫画、游戏和实验等形式，让孩子们在娱乐中学习科学知识。对于成年人读者，出版人则会策划更多深入浅出、内容丰富的深度科普文章，以满足他们对科学知识的深入探索和理解需求。通过这样的差异化内容策划，科普期刊能够吸引并满足不同年龄段读者对科学知识的渴望，从而在读者中建立起良好的品牌形象和忠实的读者群体。

（二）塑造期刊品牌形象

内容是期刊品牌的核心体现，它不仅能够展现期刊的特色和价值，而且是吸引和保持读者的关键因素。优质且独特的内容能够有效地塑造期刊的品牌形象，使其在众多出版物中脱颖而出。期刊出版人通过精准的内容定位和持续的优质内容输出，可以确保期刊在读者心中形成独特的品牌认知。这种认知是期刊成功的关键，因为它能够帮助期刊在竞争激烈的市场中获得忠实的读者群。例如，《国家地理》杂志就是通过其对世界各地自然景观、人文风情的精彩报道和精美的图片呈现，成功塑造了专业、权威、富有探索精神的品牌形象。这本杂志不仅为读者提供了丰富的知识和视觉享受，而且通过其一贯的高质量内容，赢得了全球读者的信赖和尊重。

（三）提升期刊竞争力

在当前这个竞争激烈的期刊市场环境中，内容的质量和创新性无疑是期刊脱颖而出的关键。只有通过精心策划和制作的内容，才能有效地吸引读者的注意力，进而提升期刊的发行量和市场份额。此外，高质量的内容不仅能吸引读者，还能吸引广告商和潜在合作伙伴，为期刊带来更多的资源和拓展发展机会的可能性。以一些专注于财经领域的期刊为例，它们通过深入分析经济热点问题，并提供独家深度报道，成功吸引了众多金融机构和企业的关注。这些机构和企业为了宣传品牌和产品，选择在这些期刊上投放广告，从而为它们带来了可观的广告收入。

二、期刊内容策划的流程

（一）选题策划

选题策划作为内容策划的初始步骤，扮演着至关重要的角色。对于期刊出版人而言，紧跟行业动态、社会热点以及学术前沿是不可或缺的，这有助于他们挖掘出具有深远价值的选题。为了系统地管理这些选题，建立一个选题库是一个非常有效的方法，通过这个选题库，可以收集和整理来自不同渠道的选题线索。此外，定期组织选题策划会议，邀请编辑、行业专家以及潜在的作者等各方人士共同参与，通过集思广益的方式，筛选出那些既具有创新性、时效性，又能吸引目标读者群体的选题。以当前人工智能技术迅猛发展的背景为例，科技类期刊可以策划一系列与人工智能应用相关的选题，同时也不应忽视探讨其伦理问题等深层次内容，从而为读者提供全面而深入的视角。

（二）作者约稿与稿件审核

一旦选题确定，期刊出版机构便需依据选题的具体需求和鲜明特色，精心挑选适宜的作者进行约稿。与作者之间保持紧密无间的沟通至关重要，以确保双方对写作要求和稿件提交的时间节点达成共识。出版机构应提供必要的指导和支持，协助作者更精准地完成写作任务。在稿件审核阶段，出版机构必须构建一套严谨的审核体系，从内容的科学性、创新性、可读性等多个维度进行细致评估，确保稿件质量能够满足期刊的高标准。对于那些未能达到期刊要求的稿件，出版机构应及时与作者进行深入沟通，并提供详尽的修改建议，以便作者能够对稿件进行针对性的优化。

（三）内容编辑与整合

在稿件通过审核之后，编辑团队将投入大量精力进行精细化的编辑工作。这包括对文字进行精心润色，以提升语言的优雅度和精确性；对格式进行严格规范，确保符合出版物的统一标准和视觉美感；以及对内容结构进行巧妙调整，以增强文章的逻辑性和条理性。这些编辑加工旨在显著提升稿件的可读性，并赋予其更高的专业水准，以满足目标读者群体的阅读偏好和专业期待。同时，编辑人员还需依据期刊的栏目布局和整体风格，对各类稿件进行巧妙整合。这一过程的目的是赋予期刊内容以连贯性和系统性，确保读者在浏览时能够体验到内容的完整性和深度。以文化类期刊为例，编辑会将涉及不同主题的文章巧妙地按照文化历史、文学艺术、民俗风情等栏目进行分类编排。通过这种精心的编排，期刊不仅能够展示各个领域的丰富内容，还能够帮助读者深入理解文化的多样性和深度。

（四）内容校对与排版

在内容编辑工作圆满完成后，我们还需执行一项至关重要的步骤——严格的校对工作。这一过程的目的是确保内容的准确性，无任何瑕疵，从而避免出现令人遗憾的错别字、语法错误、数据错误等问题。校对工作需要细心和耐心，确保每一个细节都经过仔细审查，每一个数据都经过核对，每一个句子都通顺流畅。只有这样，我们才能保证最终呈现给读者的内容是高质量的。

与此同时，我们还需进行精心的排版设计。排版不仅仅是将文字和图片简单地组合在一起，它是一门艺术，需要根据期刊的定位和风格，选择合适的字体、字号、颜色、配图等元素。通过这些元素的巧妙搭配，我们可以营造出良好的视觉效果，使页面布局更加美观，内容呈现更加清晰。合适的排版设计能够吸引读者的注意力，引导他们更好地理解和吸收信息，从而大大提升读者的阅读体验。因此，排版设计同样是我们工作中不可或缺的一部分，需要投入大量的精力和创造力。

三、期刊内容策划的方法

（一）读者需求导向法

以读者需求为核心导向，采取问卷调查、深度读者访谈、详尽数据分析等多种手段，全面而深入地洞察读者的需求和期望。这些宝贵的信息构成了内容策划的坚实基础。以时尚类期刊为例，通过对年轻读者群体所关注的时尚潮流焦点和审美趋势进行细致的分析，精心策划一系列与之紧密相关的内容。这不仅包括对当季流行穿搭趋势的深入解读、对时尚单品的精选推荐，还涵盖了时尚界的各类活动和最新趋势的详尽报道。通过这些经过精心策划的内容，不仅满足了年轻读者对时尚资讯的热切渴望，更引领他们塑造个性化的时尚品位和风格。

（二）热点追踪法

在信息泛滥的今天，各种出版物如潮水般涌现，期刊要想在激烈的市场竞争中脱颖而出，就必须时刻关注社会热点、行业动态以及学术前沿。一旦热点事件爆发，就像投入舆论海洋的巨石，迅速激起层层波澜，吸引大众的广泛关注和热烈讨论，成为全民关注的焦点。对于期刊来说，敏锐地捕捉这些热点，并迅速策划相关的内容，无疑是吸引读者目光、提升自身影响力的关键。

热点事件通常具有极高的关注度和话题性，就像夜空中闪烁的灯塔，能轻易吸引读者的目光，瞬间点燃他们强烈的阅读热情。以奥运会这一全球顶级体育盛事为例，每届奥运会举办期间，全球都沉浸在体育竞技的激情氛围中。此时，体育类期刊若能迅速抓住机遇，精心策划一系列优质内容，定能获得丰厚的回报。例如，发布深度回顾奥运赛事经典瞬间的专题文章，用生动的文字和精彩的图片，带领读者穿越时空，重温那些令人热血沸腾的比赛时刻；深入挖掘运动员背后鲜为人知的成长故事，展现他们在训练场上的刻苦与坚持，以及面对挫折时的顽强不屈，让读者感受到梦想的力量；深入剖析体育精神的内涵，结合社会现象与人类发展，引导读者思考体育对社会进步、人类团结的深远价值。

通过这些精心策划的内容有序发布，期刊不仅能够精准回应读者对热点事件的深度求知渴望，让读者在阅读过程中获取全面且有价值的信息，获得深度的思想启迪与情感共鸣，还能借此机会，进一步提升自身在行业内的专业形象与影响力。持续的优质内容输出，会让读者对期刊产生更强的依赖感，在读者心中逐步树立起权威、专业、紧跟时代的品牌形象，助力期刊在竞争激烈的市场中站稳脚跟，持续领航。

（三）主题系列策划法

围绕一个特定的主题，精心策划一系列相关的内容，从而形成一个内容矩阵。这种方法能够深入地挖掘出主题的丰富内涵，并且能够满足读者对于某一特定主题进行深度阅读的需求。例如，一本专注于历史的期刊，可以围绕“丝绸之路”这一具有深厚历史底蕴的主题，策划一系列的文章，这些文章可以涵盖丝绸之路的历史变迁、不同文明之间的文化交流，以及古代的贸易往来等各个方面。通过这样的策划，读者不仅能够获得关于丝绸之路的广泛知识，还能了解到这一主题在不同历史时期的具体表现和影响，从而获得更加全面和深入的理解。

（四）跨学科融合法

在当今知识爆炸的时代，读者对知识的需求日益多元化，单一学科的内容已无法满足他们的求知欲。对于期刊出版人而言，打破学科界限，实现跨学科融合，成为内容策划的关键之举。通过将不同学科的知识体系、研究方法与独特观点巧妙融合进内容策划中，能够为读者打开全新的认知大门，提供多元且独特的视角与思维方式。以环境问题的探讨为例，这一复杂议题绝非单一学科可以全面剖析。融合经济学、社会学、生态学等多学科知识，从经济层面分析环境政策对产业成本、市场结构的影响；从社会角度研究不同群体的态度与反应；从生态视角探究保护措施的科学依据，如此才能全方位呈现环境问题的全貌。

四、期刊内容策划的创新策略

（一）多媒体融合创新

在信息技术日新月异的当下，多媒体融合已成为期刊内容策划极具潜力的创新方向。随着 5G 技术普及、移动设备性能提升，读者对内容的呈现形式有了更高要求。期刊出版人敏锐捕捉这一趋势，积极将文字、图片、音频、视频等多元媒体形式巧妙融合，全力打造富媒体内容。比如，一些科普期刊为了让晦涩的科学原理通俗易懂，精心制作科普短视频，通过生动形象的动画演示、直观的实验视频，将抽象知识具象化；而文学期刊则顺势推出有声读物，邀请专业播音员深情演绎，让读者能在通勤、休憩时沉浸其中，感受文学作品的独特魅力。

（二）互动式内容创新

在信息传播迅速且竞争激烈的当下，增强读者的参与度和互动性，已成为提升期刊内容吸引力与传播效果的关键策略。期刊可以通过设置多元互动环节，拉近与读者的距离。比如增设读者评论区，让读者能够即时表达对内容的看法与见解；开展投票活动，针对热门话题或下期选题方向，收集读者意见，使内容更贴合读者需求；举办征文比赛，鼓励读者将自身经历与感悟化为文字。就像一些美食类期刊开展“读者美食分享”活动，热忱邀请读者分享美食制作经验和背后故事，这些充满生活气息的内容刊登在期刊上，不仅丰富了期刊内容，还让读者感受到自己也是期刊内容的创作者，激发更多参与热情。

（三）跨界合作创新

在当今多元融合的发展趋势下，跨界合作成为期刊内容策划创新的重要途径。期刊出版人积极与其他行业、领域携手，充分整合双方资源，共同开展内容策划工作。比如，与企业合作时，深入挖掘企业在产品研发、商业模式创新等方面的经验，以及独特的品牌发展历程，推出一系列富有启发性的企业创新案例和品牌故事，让读者了解商业世界的发展脉络。与文化机构合作，则聚焦文化展览、艺术活动，策划深度报道，从专业视角解读艺术作品背后的文化内涵与创作背景。通过这些跨界合作，源源不断地为期刊内容注入全新活力与独特元素。

五、期刊内容策划面临的挑战与应对措施

（一）信息过载与内容同质化

在信息爆炸的时代，期刊行业正遭遇前所未有的挑战，信息过载与内容同质化问题日益凸显。互联网的普及使得信息传播的速度和数量呈指数级增长，各类期刊在海量信息的洪流中相互竞争。在这样的环境下，大量相似的内容充斥市场，无论是选题方向、观点论述还是表现形式，都存在着高度的相似性。读者在浏览期刊时，往往被大量重复的内容淹没，难以从中筛选出真正有价值、能满足自身需求的信息。

面对这一困境，期刊必须积极应对。一方面，要加强内容的深度挖掘，不局限于表面的报道，而是深入探究事件背后的原因、影响和发展趋势；另一方面，要注重差异化策划，深入分析目标读者的需求和偏好，结合期刊自身定位，突出期刊的特色和优势，提供独特的观点和视角，为读者带来全新的阅读体验，有效避免内容的同质化。

（二）读者需求变化快速

随着社会持续发展与科技飞速进步，读者需求正处于不断演变的进程之中。曾经读者可能更倾向于传统的知识获取方式，而如今，伴随数字化浪潮的兴起，他们对内容的呈现形式、更新速度以及个性化程度都提出了更高要求。期刊若想在激烈竞争中立足，就必须精准且及时地捕捉这些需求变化趋势，适时调整内容策划策略。

期刊可通过强化市场调研，运用问卷调查、访谈等方式，广泛收集读者意见；借助数据分析工具，深度剖析读者行为，如阅读偏好、停留时间

等。同时，建立高效的读者反馈机制，无论是线上留言板还是线下座谈会，都能为读者提供发声渠道，期刊据此灵活调整内容方向与选题策划，以契合读者需求。

（三）内容生产与传播的技术变革

随着信息技术呈指数级发展，期刊的内容生产与传播方式正经历着颠覆性变革。以往传统的采编流程与传播途径已难以满足当下快节奏、多元化的信息需求。期刊出版人若想在这场变革中抢占先机，就必须积极进取，不断学习并熟练掌握新的技术手段。

比如，借助人工智能技术强大的数据分析与深度学习能力，可实现智能化选题推荐，精准定位热门且具潜力的选题方向；在内容审核环节，人工智能能快速筛查内容的科学性、逻辑性等问题，大大提升审核效率。同时，利用大数据深度剖析读者行为与偏好，洞察读者的阅读习惯、兴趣点，从而实现内容的精准推送，有效提升传播效果，让期刊内容精准触达目标读者。

此外，期刊编辑团队应积极拥抱区块链技术，利用其透明性与不可篡改性特点，增强内容的可信度与版权保护。借助 AR（增强现实）和 VR（虚拟现实）技术，为读者创造沉浸式的阅读体验，让内容生动、直观。期刊在内容创新与传播方式上的积极探索，将有助于在信息泛滥的时代中脱颖而出，赢得读者的青睐。

第二节　品牌建设：品牌形象与品牌传播

在当今信息爆炸的时代浪潮中，期刊作为知识传播的重要载体，正面临着前所未有的机遇与挑战。随着互联网技术的迅猛发展，各类新媒体平台如雨后春笋般不断涌现，读者获取信息的渠道变得日益多元化。在这样的大背景下，期刊品牌建设对于吸引读者、增强市场竞争力而言，显得愈发重要。品牌形象作为期刊在读者心中的综合印象，深刻影响着读者对期刊的认知与情感倾向；而品牌传播则是将期刊品牌形象精准传递给目标受众的关键路径，直接决定了期刊的知名度与影响力范围。因此，期刊品牌建设中的品牌形象与品牌传播具有极为重要的现实意义。

一、期刊品牌形象的内涵与构成要素

（一）期刊品牌形象的定义与内涵

期刊品牌形象是读者对期刊的整体感知与综合评价，它涵盖了期刊的内容质量、编辑风格、视觉设计、品牌文化等多个关键维度。期刊品牌形象并非一朝一夕就能形成，而是在长期的发展历程中，通过读者与期刊的多次深度互动，包括阅读期刊内容、参与期刊举办的各类活动等，逐渐沉淀形成的一种综合印象。一个良好的期刊品牌形象，能够在读者心中树立起独特的地位，引发读者强烈的情感共鸣，进而显著提高读者的黏着度和认同感。

（二）期刊品牌形象的构成要素

1. 内容形象

内容无疑是期刊的核心所在，它直接决定了期刊品牌形象的优劣。一个优质的期刊内容应当具备专业性、权威性、创新性以及时效性。以学术期刊为例，其内容必须基于严谨的学术研究，具备较高的学术价值，能够为相关领域的研究人员提供极具价值的参考和深入的洞见。同时，内容的呈现形式也至关重要，例如文字表达的准确性、逻辑性，以及图表、案例的恰当运用等，都会对读者对内容的理解和接受程度产生深远的影响。一个精心设计的版面布局，能够使信息更加清晰易懂，而恰当的图片和插图则能够增强信息的吸引力，使内容更加生动有趣。此外，期刊的排版和印刷质量也是不可忽视的因素，它们共同作用于读者的感官体验，从而影响期刊的整体形象和读者的阅读体验。

2. 编辑形象

编辑团队在期刊内容的把关和组织方面扮演着至关重要的角色，他们的形象不仅代表了期刊的专业素养，同时也反映了期刊的价值取向。编辑团队的专业能力、深厚的学术背景以及他们所秉持的编辑理念，都会在期刊的选题策划、稿件审核、内容编排等各个环节中得到充分的体现和发挥。举例来说，一个拥有丰富行业经验和深厚专业知识的编辑团队，他们能够凭借自身的专业眼光和判断力，策划出具有前瞻性和深度的选题，筛选出高质量的稿件。这样的工作不仅能够确保期刊内容的学术性和权威性，而且能够帮助期刊在竞争激烈的出版行业中脱颖而出，树立起良好的专业形象，进而赢得读者和学术界的广泛认可和尊重。

3. 视觉形象

视觉形象作为期刊品牌形象的外在直观表现，扮演着至关重要的角色。它主要涵盖了封面设计、版式排版、色彩运用等多个方面。一个独特且美观的视觉形象，能够迅速地吸引读者的注意力，并且给读者留下深刻的第一印象。封面设计需要精确地传达期刊的主题和定位，而版式排版则需要兼顾易读性和美观性，确保内容的清晰展示同时不失设计感。色彩运用方面，必须与期刊的整体风格和目标受众的审美偏好相契合，以增强视觉效果和品牌识别度。例如，时尚类的期刊往往会采用大胆、鲜艳的色彩和独特的排版风格，以此来展现其时尚、潮流的品牌形象，从而与目标读者群体产生共鸣。

4. 品牌文化形象

品牌文化构成了期刊的核心和灵魂，它不仅体现了期刊所秉持的价值观、肩负的使命以及追求的愿景，而且是期刊区别于其他出版物的重要标志。期刊的品牌文化形象通过多种途径得以展现和传播，包括内容的精心策划与制作、举办各种品牌活动、积极履行社会责任等。例如，一些专注于科普的期刊，它们将传播科学知识、提升公众的科学素养作为自己的神圣使命。这些期刊通过组织和举办形式多样的科普讲座、科普展览以及其他教育活动，不仅丰富了公众的科学生活，也积极地履行了它们的社会责任。通过这些活动，它们在读者和公众心中树立起一个积极向上、富有责任感的品牌文化形象，从而赢得了广泛的认可和尊重。

二、期刊品牌形象的塑造策略

（一）精准定位期刊品牌

精准的品牌定位是期刊品牌形象塑造的基石，其重要性如同大厦的根基，关乎期刊在市场中的立足与长远发展。为了达到这一目标，期刊出版单位必须进行深入的市场调研，这一过程犹如一场细致入微的探索之旅。全面了解目标受众的需求、兴趣和阅读习惯，绝非简单的走马观花，而是要深入到目标受众的生活场景、工作环境以及日常兴趣爱好之中。比如科技类期刊，需要研究科研人员日常的工作流程，他们在获取专业信息时的偏好，是更倾向于简洁的摘要式内容，还是深入的理论分析；分析他们在工作之余的兴趣爱好，是热衷于参加行业研讨会，还是通过线上论坛交流心得；了解他们习惯在什么时间段阅读期刊，是工作间隙，还是晚上闲暇时光。同时，对他们的消费行为进行细致分析，包括他们愿意为优质的期刊内容支付的价格区间，以及他们更倾向于订阅纸质版还是电子版期刊。出版单位还需深入研究他们对期刊内容的期望，是渴望看到最新的科研突破，还是经典理论的深度解读，这些细节都对品牌定位有着关键影响。

（二）持续提升内容质量

内容质量是期刊品牌形象的核心支撑。为了确保期刊的品质和声誉，编辑团队必须致力于加强选题策划工作，这包括密切关注行业动态、学术前沿和社会热点，以便深度挖掘那些具有深度和价值的选题。此外，期刊应建立严格的稿件审核制度，以确保每一篇稿件都达到一定的学术水平、创新性和质量标准。同时，注重内容的创新和多元化，采用文字、图片、音频、视频等多种形式呈现内容，以满足不同读者群体的多样化需求。例如，一些科技期刊通过推出专题报道、独家访谈、研究论文等多样化的内容形式，有效提升了期刊的可读性和吸引力，从而在激烈的市场竞争中脱颖而出。

（三）打造独特的编辑风格

编辑风格对于期刊品牌形象的塑造起着至关重要的作用，它不仅能够帮助期刊在众多的同类出版物中脱颖而出，而且还能显著提升其识别度。一个期刊的编辑风格应当与其自身定位和目标受众紧密相连，通过精心设计的语言风格、内容编排方式以及栏目设置等元素，来构建其独特的编辑风貌。这种风格需要在每一期的期刊中保持一致性和连贯性，从而让读者在阅读过程中能够深刻地感受到期刊所独有的品牌魅力。以《三联生活周刊》为例，这本杂志通过其深度的报道、独特的视角以及充满人文关怀的语言风格，成功地塑造了自己鲜明的编辑特色。这种特色不仅让《三联生活周刊》在众多刊物中独树一帜，而且吸引了大量忠实读者，他们对这本杂志的风格和内容产生了强烈的认同感和归属感。

（四）强化视觉识别系统建设

视觉识别系统在期刊品牌形象的塑造中扮演着至关重要的角色，它不仅能够有效地提升品牌的辨识度，还能够加深人们对品牌的记忆。因此，期刊的出版机构应当精心设计一系列具有独特性和代表性的品牌标识，这些标识包括但不限于刊名标志、封面图案等。这些元素需要在各种不同的传播渠道中保持一致性和规范性，以确保品牌形象的统一性。此外，封面设计的优化、版式排版的精细以及色彩搭配的和谐，都是营造与期刊品牌定位相符的视觉氛围的重要因素。以 *Vogue* 杂志为例，它通过其简洁大气的封面设计、时尚前沿的排版风格以及独特的色彩运用，成功地塑造了一个引领时尚潮流的期刊视觉形象，成为时尚期刊视觉形象的典范。

三、期刊品牌传播的渠道与方式

（一）传统传播渠道与方式

1. 发行渠道传播

发行渠道对于期刊品牌传播来说是至关重要的基础，它涵盖了多种方式，比如邮局订阅、书店销售、展会展示等。通过这些广泛的发行渠道，期刊能够有效地触达其目标受众，从而显著提高品牌的曝光度和知名度。例如，期刊出版方可以积极参与各类书展、学术会议以及其他相关活动，通过精心设计和设置精美的展位，展示期刊的特色内容和品牌形象，以此吸引潜在读者的关注，并激发他们对期刊的兴趣和购买欲望。

2. 广告宣传传播

广告宣传在提升期刊品牌知名度方面扮演着至关重要的角色。为了有效地推广期刊，出版商可以在各种相关行业媒体、专业网站、社交媒体以及其他合适的平台投放广告。这些广告应当着重宣传期刊的品牌理念、特色内容以及最新的研究成果。通过精心设计的广告内容，可以突出期刊的独特优势和价值，从而吸引目标受众的注意力，并激发他们的兴趣。此外，与行业内其他知名品牌进行合作广告也是一个非常有效的策略。通过与这些合作伙伴的联合推广，期刊可以借助合作伙伴的品牌影响力，进一步扩大自身品牌的传播范围，送达更广泛的受众群体。

3. 口碑传播

口碑传播作为一种非常有效的品牌推广手段，其影响力不容小觑。当一份期刊能够提供卓越的内容质量以及令人愉悦的阅读体验时，它便能够激发读者们自发地向他们的亲朋好友推荐这份期刊，从而产生积极的口碑效应。为了实现这一目标，期刊的出版方应当致力于提高读者的满意度。这可以通过不断提供高质量的内容以及卓越的服务来达成，进而激励读者们分享他们的阅读体验，并向他人推荐这份期刊。为了进一步加强读者与期刊之间的联系，出版方可以采取一些策略，比如设立一个专门的读者评论区，让读者们可以自由地表达自己的观点和感受。此外，举办各种读者互动活动，如问答竞赛、读者见面会等，也能有效地增强读者的参与感。通过这些方式，不仅能够提升读者与期刊之间的黏性，还能促进读者之间的互动，从而进一步推动口碑传播的效应，为期刊带来更多的潜在读者。

（二）新媒体传播渠道与方式

1. 社交媒体传播

在当今数字化时代，社交媒体平台如微信公众号、微博、抖音等，已经成为期刊品牌传播的重要阵地。期刊可以通过在这些社交媒体上发布精彩内容片段、举办线上活动、与读者互动等多种方式，吸引读者的关注，从而提升品牌知名度和影响力。例如，在微信公众号上发布期刊文章的精华内容、独家报道，可以吸引读者点击阅读全文，增加阅读量；在微博上发起话题讨论，引导读者参与，可以增加品牌话题度，提升品牌的社交媒体活跃度；在抖音上制作短视频，展示期刊的特色内容和品牌形象，可以吸引年轻读者群体，扩大期刊的受众基础。

2. 内容营销传播

内容营销是一种策略，它涉及通过创作和广泛传播具有价值和吸引力的内容，以吸引目标受众群体的注意力。这种策略的核心目的在于有效地传播和推广品牌形象以及其背后的价值观。对于期刊而言，它们可以充分利用自己的专业优势，创作出高质量的内容，这些内容可以包括深入的行业分析报告、权威专家的独到见解，以及严谨的学术论文等。这些内容可以通过多种渠道进行传播，例如通过官方网站、知识付费平台及各种自媒体平台等。举例来说，一些专注于财经领域的期刊，它们会将那些高质量的财经分析文章整理成系统的付费报告，在知识付费平台上进行销售。通过这种方式，期刊不仅实现了内容的价值变现，即通过内容直接获得经济收益，同时也极大地提升了期刊品牌的专业性和影响力，使其在读者和行业内部获得更高的认可和尊重。

3. 搜索引擎营销传播

在当今数字化时代，搜索引擎营销（SEM）已经成为提升品牌知名度和吸引潜在客户的重要手段。通过搜索引擎优化（SEO）和搜索引擎广告（SEM）的综合运用，可以有效地使期刊在各大搜索引擎结果页面中获得更加靠前的排名，进而显著提高品牌的曝光度和点击率。为了实现这一目标，期刊需要精心优化其网站内容，确保内容的相关性和质量，同时合理设置关键词，以提高网站在搜索引擎中的自然排名。此外，通过投放搜索引擎广告，期刊能够精准地定位目标受众，进一步提升品牌的知名度和吸引更多的流量。例如，期刊可以在百度等主流搜索引擎上投放关键词广告，当潜在读者搜索与期刊内容相关的关键词时，其广告能够优先展示在搜索结果的显眼位置，从而吸引用户点击并进入期刊网站，增加阅读量和潜在的订阅者。

四、期刊品牌传播的效果评估

（一）品牌传播效果评估的指标体系

1. 知名度指标

知名度作为衡量一个期刊品牌在特定目标受众群体中被认知和识别的程度的重要指标，通常涵盖了多个方面的考量。其中，品牌认知度和品牌提及率是最为常用的两个指标。品牌认知度主要指的是在目标受众中，能够辨认和识别出该期刊品牌的人群所占的比例大小。品牌提及率关注的则是在一段时间内，目标受众在不同的场合和情境下，提及该期刊品牌的频率和次数。为了准确评估和了解期刊品牌传播在提升知名度方面所取得的效果，研究者和市场分析师们通常会采用问卷调查、社交媒体监测、市场分析报告等多种方法和工具来进行综合评估。这些方法能够帮助我们从不同角度和层面，深入理解期刊品牌在目标受众中的影响力和认知度，从而为品牌的进一步发展和市场策略的制定提供有力的数据支持。

2. 美誉度指标

美誉度作为衡量一个期刊品牌在特定目标受众群体中受欢迎程度以及获得好评程度的重要指标，通常涵盖了多种不同的衡量维度。其中，品牌好感度和品牌忠诚度是最为常见的两个关键指标。品牌好感度主要反映了目标受众对于期刊品牌的喜爱程度，它体现了受众对期刊内容、风格、质量等方面的正面评价和情感倾向。而品牌忠诚度则关注于目标受众对期刊的持续支持，包括他们重复购买的行为以及向他人推荐的意愿。为了准确评估和提升期刊品牌的美誉度和忠诚度，出版方通常会采用多种方法和渠道收集读者反馈和用户评价，如在线调查问卷、社交媒体互动、读者论坛讨论等。通过这些反馈和评价，出版方可以了解读者的真实感受，进而调整和优化期刊内容和营销策略，以期在目标受众中树立更加积极的品牌形象，增强读者满意度。

3. 影响力指标

影响力作为衡量一个期刊品牌在特定行业领域以及整个社会中所具有的影响力和话语权的重要指标，通常会通过一系列的量化数据来体现。这些数据包括但不限于期刊的引用率、转载率以及在社交媒体上的话题热度等。其中，期刊的引用率能够直接反映出该期刊在学术界所具有的权威性和重要性，即它在学术领域内的影响力大小；转载率则能够揭示期刊内容被其他媒体或平台所采纳和传播的广泛程度，从而体现其内容的传播范围和受众覆盖；而社交媒体话题热度则从另一个角度展示了期刊在社交媒体平台上的关注度和公众讨论的活跃程度。为了全面评估和提升期刊品牌的传播效果，以及在增强其影响力方面所取得的成效，通常会采用数据分析、媒体监测等方法来进行综合考量和评估。

（二）品牌传播效果评估的方法与工具

1. 问卷调查法

问卷调查法是一种非常有效的数据收集手段，它通过精心设计的问卷向目标受众群体收集关于期刊品牌传播效果的相关信息。问卷内容通常会涵盖多个方面，比如品牌认知度、品牌评价、阅读行为习惯和推荐意愿等。这种方法的优点在于它能够覆盖广泛的样本量，使得数据收集变得相对便捷。同时，问卷调查法能够较为全面地了解和分析目标受众对期刊品牌传播的反馈，从而为品牌传播策略的调整和优化提供有力的数据支持。

2. 社交媒体监测工具

社交媒体监测工具具备实时监测期刊在社交媒体平台上的曝光度、话题热度、用户互动等关键数据的能力。这些工具通过深入分析这些数据，帮助我们深入了解期刊在社交媒体上的传播效果以及用户反馈，从而能够及时调整和优化品牌传播策略。目前市场上有多种常用的社交媒体监测工具，例如微博数据中心、抖音数据分析平台以及各种社交媒体监测软件等，它们为品牌和期刊提供了强大的数据支持和分析能力。此外，这些工具还能够追踪和分析用户的情感倾向，识别关键意见领袖，并且提供竞争对手的社交媒体表现分析，为品牌提供全面的市场洞察。通过这些工具，品牌可以更好地理解目标受众，制订更加精准的营销计划，提高社交媒体活动的 ROI（投资回报率），并最终实现品牌价值的最大化。

3. 数据分析平台

数据分析平台具备强大的功能，它能够对期刊官方网站、移动应用程序以及其他各种渠道的数据进行全面而深入的分析。这些分析内容涵盖了访问量、页面停留时间、用户来源、用户行为等多个维度。通过这些详尽的数据分析，我们可以深入了解期刊品牌传播对用户流量和用户行为所产生的影响，进而评估品牌传播策略的效果和效率。目前市场上，有许多广泛使用的数据分析平台，例如百度统计、谷歌分析（Google Analytics）、友盟（Umeng）等，它们都提供了丰富的工具和功能，帮助期刊社更好地理解用户，优化内容和推广策略。

五、期刊品牌形象与品牌传播的协同关系

（一）品牌形象对品牌传播的影响

一个期刊的品牌形象是品牌传播过程中最为关键和核心的内容，它不仅能够为品牌传播提供坚实的基础和有力的支撑，而且还能在很大程度上影响和决定品牌的市场表现。一个拥有独特、鲜明品牌形象的期刊，往往更容易在众多同类出版物中脱颖而出，从而吸引并抓住目标受众的注意力。品牌形象是期刊传播方向和策略的决定性因素，因此，品牌传播活动应当紧密围绕品牌形象来展开。通过运用多种传播渠道和手段，品牌传播者需要确保品牌形象能够精准无误地传递给目标受众。以《科学》杂志为例，它在科学研究领域的权威性和专业性构成了其品牌形象的核心。这种品牌形象决定了《科学》杂志的品牌传播策略，即注重突出科研成果的创新性和影响力。为了实现这一目标，《科学》杂志采取了多种传播手段，包括与科研机构建立合作关系、举办各种学术会议等，这些活动有效地将《科学》杂志的品牌形象传递给了广大的科研人员和科学爱好者。

（二）品牌传播对品牌形象的塑造与强化

品牌传播在塑造和强化期刊品牌形象方面扮演着至关重要的角色。通

过一系列有效的品牌传播策略，可以不断地将期刊的品牌形象传递给目标受众，从而加深目标受众对品牌形象的认知和记忆。此外，品牌传播不仅仅是一个单向的传递过程，它还包括与读者的互动交流，通过这种双向沟通，可以收集到读者的反馈和宝贵意见。这些反馈和意见对于及时调整和优化品牌形象至关重要，因为它们可以帮助期刊更好地了解读者的需求和期望，进而使品牌形象更加贴合读者的口味。例如，一些时尚类期刊就充分利用了社交媒体平台，通过与读者的实时互动，了解他们对当前时尚潮流的看法和需求。基于这些宝贵的读者反馈，期刊可以适时调整其内容策略和品牌形象，以确保其内容和形象更具时尚感和吸引力，从而吸引更多的读者关注和喜爱。

第三节　客户关系管理：读者互动与黏性提升

在当下这个信息爆炸的时代，数字化浪潮汹涌澎湃，读者获取信息的渠道呈现出前所未有的多元化态势。互联网的普及让各类资讯触手可及，新闻客户端、社交媒体平台、知识付费应用等纷纷涌现，不断分流着读者的注意力。在这样的大环境下，期刊市场的竞争愈发激烈，传统期刊单纯依靠优质内容来吸引读者，已经难以满足日益复杂多变的市场需求。如今的读者，不仅追求内容的深度与广度，更渴望与期刊建立起一种紧密的、互动性强的联系。因此，期刊必须高度重视客户关系管理，积极加强与读者的互动，全方位提升读者黏性，唯有如此，才能在激烈的市场竞争中脱颖而出，占据优势地位。

一、期刊客户关系管理中读者互动的现状与问题

（一）互动方式单一

在现今的期刊读者互动领域，我们观察到众多期刊在互动方式的选择上遭遇了显著的局限性。传统的线下活动主要依赖于读者见面会，这种形式虽然为读者与期刊编辑、作者之间提供了面对面交流的机会，但其参与度受到时间、地点等众多因素的限制，导致参与人数通常有限。此外，筹备这样的活动往往需要较高的成本，包括时间、人力和财力的投入。至于线上互动，目前大多数期刊主要集中在留言板这一平台上，读者可以在留言板上自由发表自己的看法和建议。然而，这种互动形式相对单一，缺乏实时互动和趣味性，可能无法充分吸引读者的参与和兴趣。随着新媒体技术的迅猛发展，读者对于互动形式的要求变得越来越多样化，他们渴望尝试更加新颖、有趣、便捷的互动方式。然而，现有的互动形式显然缺乏创新性，难以满足读者日益增长的多样化需求，这无疑对期刊的互动方式提出了新的挑战。

（二）互动频率低

当前，期刊与读者之间的互动尚未构建起一个持续且规律的沟通机制。通常，这种互动仅在期刊进行新刊推广或组织大型活动时才会集中出现。在新刊的推广周期内，期刊会采取线上线下相结合的策略，开展一系列富有创意的宣传活动，旨在吸引读者的注意力并激发他们的参与热情，例如发布新刊预告、举办线上问答及通过社交媒体平台进行互动等。在大型活动的举办过程中，期刊同样会精心设计互动环节，以增强读者的参与

感和体验感，从而提升活动的吸引力和影响力。然而，一旦这些推广活动或大型活动结束，期刊与读者之间的互动就会显著减少，甚至陷入停滞状态，缺乏日常的沟通与交流。这种间歇性的互动方式，导致期刊与读者之间的联系不够紧密，难以及时捕捉到读者的动态需求和收集到他们的反馈意见。这种状况显然不利于期刊建立和维护一个长期稳定且紧密的读者关系。

（三）对读者反馈重视不足

尽管众多学术期刊已经建立了读者反馈机制，例如通过电子邮箱、在线反馈表单等方式，目的是能够收集到来自读者群体的宝贵意见和建议，以便于期刊能够不断地改进其内容质量和服务水平。然而，在日常运营和管理中，这些期刊对于读者反馈的重视程度似乎并不如预期中那么高。很多时候，读者们满怀热情地提交了他们的反馈信息，却往往遭遇了反馈处理的延迟，甚至有些反馈信息如同石沉大海，杳无音信，得不到任何回应。即便偶尔有回复，这些回复往往也是表面功夫，缺乏深入的分析和有效的解决方案。这种对读者反馈的冷漠态度，严重地挫伤了读者参与互动的热情，使得读者感到自己的声音并未得到应有的重视，进而导致他们对期刊的信任度和关注度逐渐下降。

在当今这个信息爆炸的时代，读者的每一次点击、每一条评论都是对期刊的极大支持和鼓励。读者们期待的不仅仅是发表文章的机会，更希望能够在期刊的发展过程中扮演积极的角色。他们渴望自己的意见能够被听取，自己的建议能够被采纳，从而共同推动期刊向着更加专业和权威的方向发展。然而，当他们的反馈得不到及时和认真的对待时，这种期待就会转变为失望，甚至可能转化为对期刊的不满和批评。长此以往，期刊不仅会失去宝贵的读者资源，还可能在学术界中失去其应有的地位和影响力。

二、读者互动对提升期刊读者黏性的重要性

（一）增强读者黏性

通过富有成效的互动，期刊能够开启一扇深入了解读者需求的窗口。这种深入的交流远不止于表面的寒暄，而是通过与读者的频繁沟通，期刊能够精确捕捉到读者的兴趣爱好、阅读习惯以及对不同内容类型的偏好。基于这些深入的了解，期刊在内容策划和选题上能够精准定位，提供更加符合读者口味的文章、专题和栏目。当读者发现期刊能够持续满足他们的阅读需求，甚至能够挖掘并满足他们潜在的阅读兴趣时，他们对期刊的依赖感就会逐渐增强，黏性也会随之提升。这种紧密的联系会让读者在众多信息源中，始终将该期刊作为首选，形成稳定的阅读习惯。因此，期刊与读者之间的这种良性互动，不仅能够提升读者的满意度，还能够增强期刊的市场竞争力，形成一种双赢的局面。想象一下，在一个阳光明媚的午后，读者舒适地坐在窗边的摇椅上，手中捧着一本装帧精美的期刊，他们的眼睛在文字间跳跃，心灵在故事中游走。这种阅读体验是任何其他媒介难以替代的。期刊正是通过这种与读者心与心的交流，不断优化自身，以期达到与读者心灵的共鸣。在这样的互动中，读者不再是被动的接受者，而是成为一个能够影响内容创造的参与者。他们通过反馈、评论和分享，让期刊编辑团队了解到哪些内容是他们真正喜欢的，哪些地方还有改进的空间。这种双向的沟通，让期刊的内容更加丰富和多元，也使得读者感到自己是被重视和尊重的。随着时间的推移，这种基于信任和尊重的关系会逐渐加深，读者对期刊的黏着度和依赖感自然水涨船高。最终，期刊成为读者生活中不可或缺的一部分，而读者的每一次阅读，都成为期刊成长和

进步的见证。

（二）口碑传播

当读者对期刊的内容和服务感到满意时，他们会自然而然地成为期刊的“代言人”。在当今这个社交媒体高度发达的时代，读者的口碑传播力量是不容忽视的。他们会在自己的社交圈子里，比如微信朋友圈、微博、抖音等平台，积极分享自己阅读期刊的心得体会，向身边的朋友、同事推荐那些他们认为优质的期刊内容。这种基于真实体验的口碑传播，具有非常强大的说服力和感染力，能够有效地吸引更多潜在的读者。这些潜在读者在看到身边人的推荐后，会对期刊产生好奇心和兴趣，进而尝试阅读，从而有效地扩大期刊的影响力和读者群体。

假如读者被期刊中一篇深入探讨当前社会热点的文章深深吸引，并且随着对文章内容的深入理解，他感到一种强烈的冲动，想要与他人分享这份阅读的喜悦。于是，他打开手机，开始在微信朋友圈里撰写一段文字，描述自己阅读的体验和对文章的见解。他甚至附上了一张期刊的封面图片，以及自己阅读时的自拍，让这份推荐显得更加真实和生动。他的朋友们看到后，纷纷点赞并留言表示感兴趣，甚至有人直接询问在哪里可以订阅这本期刊。

这种基于个人真实体验的分享，说服力超过任何广告。它不仅仅是一次简单的信息传递，更是一种情感的交流和信任的传递。读者们通过分享，不仅帮助期刊扩大了影响力，也为自己赢得了社交圈中的尊重和认可。期刊方面，通过这些自发的、充满热情的推荐，能够更精准地触达那些潜在的读者群体，建立起一种更加紧密和持久的读者关系。最终，这种良性循环将使得期刊在读者心中占据一席之地，成为他们生活中不可或缺的一部分。

（三）内容创新

读者的反馈和建议对于期刊内容的创新具有极其重要的意义。作为期刊的直接受众，读者们能够凭借自身的阅读体验，敏锐地发现期刊内容中可能存在的不足之处，同时也能准确地捕捉到当前市场的热点话题和流行趋势。通过积极地收集和深入地分析读者的反馈信息，期刊能够及时地识别出潜在的问题，并据此调整和优化内容的方向。例如，读者们可能会提出增加对某个热门领域的深入报道，或者建议改进某个栏目的展示方式。期刊编辑部在听取了这些宝贵的建议后，会着手进行相应的优化和创新工作，不断地丰富内容的表现形式，提高内容的质量。这样，期刊不仅能在激烈的市场竞争中保持其领先地位，还能有效地提升自身的竞争力。

在这一过程中，期刊编辑团队与读者之间的互动变得尤为关键。编辑们会定期组织读者座谈会，邀请读者分享他们的阅读感受和期望，甚至在某些情况下，读者的建议直接催生了全新的栏目或特刊。比如，一本专注于科技发展的期刊，就曾因为读者的强烈建议，开设了一个专门探讨人工智能伦理问题的专栏。这个专栏不仅吸引了大量读者的关注，还引起了业界的广泛讨论，极大地提升了期刊的影响力。此外，期刊还会通过在线调查问卷、社交媒体互动等方式，广泛收集读者意见，确保每一条反馈都能得到充分的考虑和应用。通过这些努力，期刊与读者之间建立了深厚的信任关系，共同推动了内容的创新和期刊的发展。

三、提升期刊读者互动与黏性的策略

（一）构建多元化互动平台

随着社交媒体的蓬勃发展，期刊应充分利用这些平台的优势，构建多元化的互动渠道。在微信公众号上，可以精心策划每周话题，通过图文并茂的方式，让读者在轻松愉快的氛围中参与到讨论中来，同时，通过后台数据分析，了解读者的兴趣点，进一步优化话题选择。利用微博的开放性和传播性，开展直播互动活动，邀请专家学者、作者与读者进行实时交流，解答读者的疑问；在直播中穿插互动环节，如问答、投票等，让读者感受到参与的快乐和满足感。在抖音等短视频平台上，制作有趣的短视频内容，分享期刊的精彩文章片段、幕后故事等，吸引读者的关注，并通过评论区与读者互动，让读者在轻松的氛围中了解期刊的深度内容。通过这些多元化的互动方式，能够满足不同读者群体的喜好和需求，拓宽与读者互动的渠道。

此外，还可以在知乎等问答平台上设立专栏，邀请专业人士回答读者的提问，提供深度的学术交流；在 B 站等视频平台上发布与期刊内容相关的教育性视频，以更加生动的形式吸引年轻读者；同时，通过电子邮件订阅服务，定期向读者发送期刊最新动态、精选文章和行业资讯，保持与读者的持续联系。这些多样化的互动方式不仅能够提升读者的参与度，还能增加期刊的曝光率和影响力，从而在竞争激烈的媒体环境中脱颖而出。例如，在微信公众号上，可以精心策划每周话题，通过图文并茂的方式，让读者在轻松愉快的氛围中参与到讨论中来，同时，通过后台数据分析，了解读者的兴趣点，进一步优化话题选择。在微博上，可以利用话题标签功能，将直播活动与热门话题相结合，提高活动的可见度和参与度。在抖音等短视频平台上，可以与知名博主合作，通过他们的影响力扩大期刊内容的传播范围。在知乎专栏中，可以组织系列问答活动，邀请行业内的领军人物，为读者提供权威的解答和深入的见解。在 B 站上，可以制作系列微纪录片，讲述文章背后的故事，让读者更加直观地感受到期刊的魅力。通过电子邮件订阅服务，可以提供个性化的阅读推荐，让读者感受到期刊的贴心服务。所有这些努力，都是为了在读者与期刊之间建立起一座桥梁，让知识的传递更加生动、有效，同时也让读者感受到期刊的温度和关怀。

（二）建立常态化互动机制

为了与读者保持紧密的联系，期刊应致力于建立一套持久且有效的互动机制。每月，期刊可以精心挑选一个引人入胜的主题，并围绕它在线上组织一系列深入的讨论活动，热情地邀请读者踊跃参与，分享他们的独到见解和宝贵经验。每季度，期刊还可以举办一次读者座谈会，邀请来自不同背景的读者代表，通过面对面的交流，深入了解读者对期刊的看法和建议，聆听他们内心的声音。此外，期刊可以定期策划和执行一系列线上线下知识竞赛、征文比赛等丰富多彩的活动，点燃读者的参与激情，让他们在互动中深刻感受到期刊的生机勃勃和对读者的深切关怀。

通过这些精心设计的活动，期刊不仅能够收集到读者的宝贵反馈，还能显著增强读者的归属感，从而提升他们的忠诚度。同时，这些活动也有助于期刊编辑团队更深入地洞察读者群体的需求和兴趣所在，进而对内容进行优化，提升期刊的吸引力和市场竞争力。

为了进一步深化这种互动，期刊可以考虑设立一个专门的读者专栏，让读者有机会直接参与到期刊内容的创作之中。例如，可以向读者征集稿件，邀请他们分享个人经历或专业知识，这样不仅能够为期刊内容增添多样性，还能让读者感受到自己的价值和对期刊的贡献。此外，期刊可以充分利用社交媒体平台，如微博、微信公众号等，发布引人入胜的互动话题，鼓励读者在这些平台上积极发表评论和观点，形成一个更加广泛的读者社区。通过这些线上线下的互动方式，期刊能够构建起一个充满活力、紧密相连的读者网络，让读者成为期刊发展过程中不可或缺的合作伙伴。

（三）完善读者反馈处理机制

为了更贴心地服务读者，期刊应构建一个专业的读者反馈处理团队，这个团队应由编辑、客服等具备不同专业背景的成员组成，以确保能够对读者的每一条反馈进行及时、有效的回应和处理。当这个团队接收到读者的反馈信息后，他们应迅速进行分类和整理工作。对于那些相对简单的问题，团队成员应迅速提供解答；而对于那些较为复杂的问题，则需要组织相关领域的专家和工作人员进行深入的研究和探讨，进而制定出切实可行的解决方案。在解决方案制定完毕后，团队应确保在规定的时间内向读者提供回复。此外，期刊还应建立一个读者反馈的跟踪机制，通过定期的回访来了解读者对于处理结果的满意度，确保每一个问题都得到了彻底的解决。通过这样一套完善的读者反馈处理机制，期刊可以向读者展示出其对读者意见的尊重和重视，进而提升读者的参与感和满意度，这对于期刊的长期发展和读者黏性的提升都是至关重要的。

为了进一步强化读者与期刊之间的联系，团队成员在处理反馈时，不仅要注重问题的解决，还应展现出同理心和关怀。例如，在回复读者时，可以使用更加亲切和个性化的语言，让读者感受到他们的声音被倾听和珍视。同时，期刊可以定期发布一些读者反馈的汇总报告，公开透明地展示读者意见的处理过程和结果，这不仅能够增强读者的信任感，还能激发读者对期刊内容的更多参与和讨论。此外，期刊还可以通过举办读者见面会、线上互动活动等形式，直接与读者进行交流，收集他们的意见和建议，从而不断优化期刊的内容和服务。通过这些举措，期刊不仅能够提升读者的满意度，还能够建立起一个积极互动、共同成长的读者社群，为期刊的持续发展注入源源不断的活力。

（四）个性化服务

借助于先进的大数据技术，期刊出版机构现在能够深入挖掘和分析读者的阅读偏好和行为数据，这些数据涵盖了读者的阅读历史、浏览时间、点赞、评论以及其他互动行为。这些宝贵的信息不仅帮助期刊了解读者的阅读习惯，而且还能揭示他们的兴趣点和偏好。基于这些详尽的数据分析，期刊能够为读者提供更加精准和个性化的推荐服务。例如，期刊可以根据读者的兴趣爱好，精心挑选并推送相关的文章和专题，从而让读者在阅读时能够发现更多符合自己口味的内容。对于那些长期订阅并积极互动的忠实读者，期刊还可以提供一系列专属的优惠活动和增值服务，如优先参与线下活动、获取独家内容等，以此来表达对他们的特别感谢和重视。通过这些个性化的服务，期刊不仅能够显著提升读者的阅读体验，还能让读者感受到期刊对他们的关注和关怀，从而有效地增强读者对期刊的黏着度和满意度。这种基于数据驱动的个性化服务，正在成为现代期刊吸引和留住读者的重要手段，它不仅提升了读者的满意度，也为期刊带来了更稳定的读者群体和更广阔的市场前景。

第五章

期刊的数字化转型

在信息技术日新月异、高速迭代的当下，数字化浪潮以磅礴之势席卷各个行业，期刊行业自然也无法独善其身。传统期刊在发展过程中，正面临着读者阅读习惯急剧转变的现状，越来越多的读者倾向于借助数字终端获取信息。与此同时，市场竞争愈发激烈，新兴媒体不断涌现，瓜分着有限的受众市场。在这样的大环境下，数字化转型已成为期刊谋求生存与持续发展的必由之路。通过数字化转型，期刊不仅能够顺应时代发展的潮流，满足读者不断变化的阅读需求，还能借此拓展传播渠道，突破地域与时间的限制，将优质内容传递给更广泛的受众群体。同时，数字化转型还有助于提升用户体验，借助各种数字化手段为读者提供更加便捷、个性化的阅读服务，进而挖掘新的商业价值，实现期刊行业的可持续发展。

第一节　数字化趋势与挑战

一、数字化趋势

（一）阅读习惯的转变

在信息如潮水般奔涌的当下，智能手机与平板电脑等移动设备的普及程度，已达到了令人咋舌的地步。这些小巧便携的“信息终端”，宛如一把把神奇的钥匙，开启了人们获取知识的全新大门，深刻重塑了大众的阅读习惯。过去，人们的阅读途径主要局限于散发着墨香的纸质书籍和报刊；而如今，随时随地通过移动设备获取信息、阅读感兴趣的内容，已成为现代人日常生活不可或缺的一部分。

最新的市场调研数据，为我们清晰勾勒出这一趋势的全貌：在过去几年间，借助移动设备阅读电子内容的用户数量一路飙升，呈现出持续且显著的逐年增长态势。特别是在年轻一代读者群体中，这一趋势更是如汹涌浪潮般势不可当。相关数据显示，在 18~35 岁的年轻读者中，超过 80%的人表示每天都会使用移动设备进行阅读，日均阅读时长平均达到 1~3 小时。他们生活节奏紧凑，碎片化时间成为阅读的黄金时段。在上下班拥挤的地铁、公交上，人们抓紧时间滑动手机屏幕，浏览最新的新闻资讯，了解国内外大事；在午休的短暂间隙，有人打开平板电脑，沉浸在精彩的文学作品中，让疲惫的心灵得到片刻休憩；甚至在等待朋友的短短几分钟里，也能掏出手机，快速浏览一篇学术论文，充实自己的知识储备。

这种阅读习惯的巨大转变，如同一声振聋发聩的警钟，重重地敲响在期刊出版行业的耳畔，给其带来了前所未有的挑战。期刊出版行业必须积极顺应这一时代潮流，将内容以数字化形式精心呈现，才能精准满足读者对于便捷阅读的强烈需求。以世界知名学术期刊《自然》和《科学》为例，它们敏锐捕捉到这一趋势，率先迈出数字化转型的坚实步伐。不仅推出了设计精良的电子版，还开发了功能强大的移动应用程序。这些应用程序，为科研人员和学者搭建起一座便捷的知识桥梁，无论他们身处实验室、办公室，还是在出差途中，都能不受时间和地点的限制，第一时间查阅到最新的研究成果和学术动态。

这些应用程序的优势，远不止于便捷的阅读体验。其内置的智能推荐系统，就像一位贴心的阅读管家，通过对用户阅读习惯、浏览历史和兴趣偏好的深度分析，精准推送相关的最新内容。当一位科研人员频繁阅读关于基因编辑的论文时，系统会自动推送该领域的最新研究进展、前沿观点，极大丰富了用户的阅读选择，让他们始终紧跟学术前沿。此外，互动功能的加入，更是为这些应用程序注入了强大活力。在评论区，读者们可以畅所欲言，分享自己对文章的见解和疑问；分享功能让有价值的内容在社交平台迅速传播，扩大知识的影响力；讨论区则成为读者与作者、读者与读者之间思想碰撞的舞台，大家围绕学术问题热烈讨论，形成一个充满活力的学术交流社区。这种数字化阅读方式，不仅大幅提高了阅读效率，让知识能在更短时间内传递到更多人手中，还促进了知识的广泛传播和学术的深度交流，为学术界和知识界带来了意义深远的革命性变革。

（二）传播渠道的多元化

在这个互联网技术飞速进步的时代，传统的信息传播格局已经遭到了彻底的颠覆。社交媒体平台如微信、微博、抖音等，以及知识分享平台如知乎、百度文库等，为各种期刊内容的传播提供了前所未有的丰富渠道。这些平台不仅打破了地理和时间的限制，还为期刊的发行和传播提供了全新的可能性。期刊不再仅仅依赖于传统的纸质印刷和邮寄配送方式，而是能够通过数字化平台触及更加广泛的读者群体，实现内容的快速传播和广泛分享。

以微信公众号为例，许多期刊通过开设官方公众号，定期推送精选的优质文章、深度的专题报道以及与读者互动的内容，成功吸引了大量忠实粉丝的关注和参与。这些公众号成为期刊与读者之间沟通的桥梁，通过评论区的互动，读者可以即时反馈自己的意见和建议，而期刊编辑部也能及时了解读者的需求和兴趣点，从而调整内容策略，提供更加符合读者口味的内容。此外，一些科普类期刊还巧妙地利用了抖音等短视频平台，制作了一系列既生动又有趣的内容，将复杂的科学知识以更加通俗易懂的方式呈现给大众。这些短视频往往能够迅速获得极高的播放量和广泛的关注度，有效地提升了期刊的知名度和影响力。

例如，某科普期刊在抖音上发布了一系列关于宇宙奥秘的短视频，通过精美的动画和简洁的语言，将深奥的天文学知识转化为易于理解的信息，让观众在轻松愉快的氛围中学习到知识。这些视频不仅吸引了年轻人的关注，也激发了他们对科学探索的兴趣。同时，期刊还通过举办线上问答活动，鼓励观众提问，进一步增强了与读者之间的互动和联系。通过这些创新的传播方式，期刊不仅扩大了其影响力，还成功地将科学知识普及到了更广泛的群体中。

二、面临的挑战

（一）技术更新换代快

在这个日新月异的数字化时代，创新技术和理念如雨后春笋般涌现，不断推动技术领域的边界。期刊出版行业面临着巨大的挑战，必须持续地投入大量的资金和人力资源，以确保其技术基础能够与时代的脉搏同步，满足市场不断变化的需求。从内容管理系统的持续更新换代，到移动应用的精细优化和升级，每一次技术的革新都对期刊的数字化转型能力提出了更为严苛的要求。以人工智能技术的迅猛发展为例，许多期刊已经开始尝试利用这一前沿技术进行内容审核、智能排版以及个性化推荐等工作。然而，这要求期刊不仅拥有相应的技术专长，还需要足够的资金支持，以确保能够顺利地整合和应用这些新技术。同时，技术的快速迭代也意味着期刊需要不断学习和适应新的技术标准和规范，这无疑增加了运营的复杂性和成本，对期刊的管理团队提出了更高的要求。

在这个过程中，期刊不仅要与技术的浪潮保持同步，还要在激烈的市场竞争中保持自己的独特性和竞争力。数字化转型不仅仅是一个技术问题，它还涉及编辑策略、市场定位以及读者体验的全面提升。期刊编辑和出版团队必须具备前瞻性的视野，能够预见技术趋势，并且在内容创新和用户体验上做出相应的调整。例如，通过引入增强现实（AR）或虚拟现实（VR）技术，为读者提供沉浸式的阅读体验，或者利用大数据分析来更好地理解读者的需求和偏好，从而提供更加个性化的服务。这些都需要期刊在保持核心内容质量的同时，不断探索和尝试新的可能性。在这个过程中，期刊的数字化转型成为一个持续的、动态的进化过程，它要求期刊不仅要适应技术的变革，还要在变革中找到自己的立足点，创造出独特的价值。

（二）版权保护难题

在信息技术迅猛发展的今天，数字化浪潮彻底改变了信息传播的格局。得益于互联网的强大能力，信息传播已经打破了时间和空间的限制，实现了几乎即时的全球传播。无论是遥远地区的新闻，还是转瞬即逝的热点，都能在几秒钟内穿越千山万水，准确无误地送达世界的每一个角落，真正实现了信息的“零时差”交流。这种高效的传播特性无疑为学术期刊内容的广泛传播开辟了新的天地，使得高质量的学术成果和最新的行业资讯能够触及更广泛的受众。

然而，任何事物都有其两面性。数字化传播在带来机遇的同时，也给期刊内容的版权保护带来了前所未有的挑战。网络世界宛如一片辽阔而监管不足的虚拟荒野，未经授权的内容转载、抄袭等侵权行为层出不穷，成为行业发展的“顽疾”。一些追求流量和利益最大化的网站或个人，无视版权法规，公然将期刊上的原创文章和专业研究报告等直接复制到自己的平台，完全忽视了版权所有者的辛勤劳动和合法权益。更有一些创作者试图通过抄袭期刊内容来走捷径，他们或是对原文进行简单的拼凑和改写，或是公然盗用，这种行为不仅严重破坏了学术和创作领域的公平竞争环境，也极大地打击了期刊和作者的创作热情，导致无数创作者的心血付诸东流。

因此，如何在充分利用数字化传播的优势、确保内容广泛传播的同时，有效保护期刊和作者的版权，已经成为期刊行业在数字化转型过程中必须解决的关键问题。面对这一挑战，许多期刊积极寻找解决方案，主动与专业的版权保护机构合作。这些机构利用其深厚的专业知识和丰富的实践经验，为期刊定制了一系列创新的版权保护措施。例如，通过数字水印技术，在期刊内容中嵌入肉眼不可见的独特标识，一旦内容被非法使用，便能迅速准确地追踪到侵权者；利用区块链技术，建立去中心化的分布式账本，对内容从创作构思、编辑审核到传播使用的每一个环节进行全程记录，实现版权信息的透明化和可追溯性管理。

尽管这些措施在一定程度上有助于期刊版权保护，但它们仍存在局限性。数字水印技术虽然可以实现内容追踪，但在面对日益先进的图像处理技术时，其嵌入的标识容易被破坏或篡改，导致追踪失效；而区块链技术虽然具有高度的安全性和可追溯性，但高昂的运营成本和相对有限的应用范围，在实际推广中遇到了不少障碍。由此可见，期刊行业仍需持续深入地探索和创新版权保护模式，以适应不断变化的数字化环境，确保期刊和作者的权益得到有效保护。

（三）用户需求多样化

在数字化时代，信息传播的便利性和海量性极大地拓宽了读者的视野，也使得读者需求呈现出前所未有的多样化特点。如今的读者不再满足于千篇一律的内容，他们对期刊内容有着更高的期待和要求。

首先，内容丰富与新颖是吸引读者的基础。在知识爆炸的今天，读者渴望从期刊中获取到更广泛、更前沿的知识，以满足自己不断增长的知识储备需求，同时也期望期刊能提供独特的观点和视角，激发自己的思考和兴趣。例如，对于热爱历史文化的读者来说，他们不仅希望了解常见的历史事件，更期待看到从新的研究角度解读历史的文章，或是挖掘出鲜为人知的历史细节。

其次，个性化的阅读体验成为读者关注的重点。不同年龄、职业、兴趣爱好的读者，对期刊内容的需求差异十分显著。以年轻读者为例，他们成长于数字化浪潮之中，对时尚、科技、娱乐等充满活力与潮流感的领域有着浓厚兴趣。并且，他们深受互联网社交文化的影响，热衷于通过互动、分享等方式参与到阅读过程中。比如，在阅读一篇关于新科技产品的文章时，他们可能会在评论区发表自己的看法，与其他读者交流，甚至希望期刊能提供在线问答、直播讲解等互动形式。而专业人士则截然不同，他们由于工作和研究的需要，更注重学术研究、行业动态等深度内容。例如，医学领域的专业人员，他们关注的是最新的医学研究成果、临床实践案例分析以及行业政策的变化，期望从期刊中获取到对自己工作和研究有直接帮助的信息。

面对如此复杂多样的读者需求，期刊需要深入了解用户，借助数据分析、用户调研等科学手段，精准把握用户的兴趣点和需求偏好。通过对读者阅读行为数据的分析，期刊可以了解读者的阅读习惯、关注领域以及停留时间等信息，从而为读者提供定制化的内容和服务。比如，根据读者过往的阅读记录，为其推送符合兴趣的文章，或者为不同类型的读者开设专属的栏目。

但这一转变并非易事，它对期刊的内容生产和运营模式提出了全新的挑战。传统的期刊内容生产模式往往侧重于编辑团队的主观判断和选题策划，缺乏对读者需求的精准把握。如今，期刊必须从传统的内容生产模式向以用户为中心的内容生产与运营模式转变。这意味着期刊不仅要在内容创作上更加贴近读者需求，还需要在内容分发、用户互动等方面进行创新，构建起一套全新的运营体系，以适应数字化时代读者的多样化需求，在激烈的市场竞争中赢得一席之地。

第二节　数字化产品开发：电子版与移动应用

在数字化浪潮奔涌的当下，期刊行业的变革与发展紧密依托于对数据的深度挖掘和高效运用。数据分析成果宛如一把万能钥匙，深度融入期刊的内容生产、选题策划、推广营销等核心环节，为期刊的持续发展注入源源不断的动力，显著提升其市场竞争力。同时，期刊的数字化转型还体现在数字化产品的开发上，其中电子版与移动应用发挥着关键作用。

一、电子版期刊

（一）定义

电子版期刊是在数字化技术蓬勃发展的时代背景下诞生的新型出版物，它以数字代码的形式，将传统纸质期刊的内容存储在磁、光、电等介质上，并通过计算机或其他具有类似功能的电子设备进行阅读与传播。其内容涵盖了与纸质期刊相同的领域，如学术研究、文学艺术、时事新闻、生活时尚等，只是呈现形式从纸张转变为电子屏幕。通常，电子版期刊会以 PDF、HTML 等格式发布，这些格式各有特色，能够满足不同读者的阅读需求与使用场景。

（二）形式与特点

1. 形式

随着数字化浪潮的迅猛推进，电子版期刊应运而生，它们是传统纸质期刊适应时代变迁的产物，通常以 PDF、HTML 等格式呈现。这些格式各具特色，尤其是 PDF 格式，它如同一座连接传统与现代阅读体验的桥梁，为读者保留了那份熟悉的“纸墨韵味”。在 PDF 格式的电子版期刊中，每一细节都被精确复制，从字体、字号的选择到页面布局的精心设计，再到文章内图片的巧妙安排，都与纸质版期刊保持一致。对于那些偏爱传统纸质阅读体验的读者来说，这无疑是一大福音。当他们在电子设备上浏览 PDF 格式的期刊时，仿佛再次捧起散发着油墨香的纸质刊物，那份舒适感油然而生，熟悉的排版风格让他们毫无障碍地沉浸在阅读之中，轻松开启知识探索之旅。

2. 特点

（1）内容查找更便捷

电子版期刊的卓越之处，首先在于其强大的搜索功能彻底改变了传统阅读中大海捞针般的查找方式。过去，读者若想在纸质期刊中查找特定信息，往往需要逐页翻阅，不仅耗时耗力，效率也极低。而今，电子版期刊彻底打破了这一局限。读者只需在搜索栏输入关键词，无论是专业术语、作者姓名，还是特定主题，系统便能在瞬间于整本期刊乃至多本期刊构成的庞大内容库中精确定位，快速筛选出包含目标信息的页面，极大提升了信息检索的效率，让知识获取变得高效便捷。

（2）分享功能更贴心

分享功能也是电子版期刊的一大亮点。在信息高速传播的当下，知识的分享与交流变得尤为重要。电子版期刊支持通过电子邮件、社交媒体等多种平台，将感兴趣的文章分享给他人。想象一下，一位科研人员在电子版期刊上读到一篇对其研究极具启发的论文，只需轻触几下屏幕，就能通过电子邮件将其发送给团队成员，共同探讨研究思路；又或者一位文学爱好者发现一篇精彩的散文，一键即可分享至社交媒体平台，与志同道合的朋友交流阅读感受，引发热烈讨论。这种便捷的分享方式，极大地促进了知识在不同群体间的传播与交流，让思想的火花在更广阔的空间中碰撞。

（3）存储所需空间小

电子版期刊在存储方面展现了无可比拟的优势。过去，大量纸质期刊堆积如山，不仅占据了大量物理空间，还容易受潮、损坏。而电子版期刊彻底解决了这些问题，读者无需再为存储空间不足而烦恼。无论是便携的手机、轻巧的平板电脑，还是大容量的电脑硬盘，都能轻松存储海量电子版期刊。更便利的是，借助云端存储技术，读者可将期刊存储于云端，无论身在何处，只要有网络连接，就能随时通过电子设备登录云端，便捷地查阅自己收藏的期刊，真正实现了知识的随时随地获取。

（二）发展策略

在当下这个信息高速流转的时代，期刊迈向电子版的转型，已然成为行业发展进程中不可阻挡的必然趋势。而当期刊投身于电子版的开发时，内容的深度与广度，无疑是衡量其品质优劣的核心要素，需要期刊从业者给予十足的关注与重视。

1. 深度挖掘内容

在内容深度的挖掘上，期刊绝不能仅仅满足于浮于表面的简单呈现，而应当像一位经验丰富的探险家深入未知领域一般，深入探索知识的内核。以学术期刊为例，面对那些复杂精妙的科研成果，在电子版中，不能只是单纯地刊登研究结论，还应当细致入微地阐述研究过程中的关键步骤，以及在研究推进过程中遭遇的难题与相应的解决办法。通过提供这些深层次的信息，助力科研人员全方位、深层次地理解研究思路，进而为他们后续开展的研究工作，提供更具价值的参考依据。在人文社科类期刊领域，当报道历史事件或者文化现象时，可以巧妙地融合多学科视角展开综合分析，将社会学、心理学等相关领域的理论知识引入其中，从多个维度去剖析事件或现象背后潜藏的深层原因。如此一来，不仅能够拓宽读者的思维深度，还能让读者对内容形成更为透彻、深刻的理解。

就内容广度而言，将纸质版内容完整无缺、精准无误地迁移至电子版，是首要且关键的任务。不管是正文主体、旁侧注释、文末尾注，还是各式各样的图表、索引，都应当原原本本地在电子版中得以呈现。只有这样，才能切实保障读者阅读过程的连贯性与完整性，充分满足那些希望延续纸质版阅读习惯的读者的需求。

2. 发挥数字化优势

充分释放数字化的独特优势，增添契合数字化特性的专属内容，能够极大地丰富期刊的内容生态体系。在文章中巧妙融入多媒体资料，堪称一大突出亮点。比如，地理类期刊在介绍名胜古迹时，插入高清精美的图片，读者仿佛能穿越时空，身临其境般领略到景点的独特韵味与迷人魅力；科普期刊在讲解晦涩难懂的物理原理时，搭配生动形象的动画视频，瞬间将抽象的理论转化为直观可感的具象内容，助力读者轻松跨越理解复杂科学知识的障碍；音乐期刊在呈现音乐赏析文章时，适时插入音频片段，让读者在阅读文字的同时，能够同步聆听美妙的旋律，进一步增强对音乐的感知与体悟。这些多媒体元素的有机融入，极大地丰富了内容的表现形式，为读者营造出沉浸式的阅读体验，让阅读不再仅仅局限于文字层面，而是全方位调动起读者的多种感官，全面提升阅读过程中的趣味性与愉悦感。

3. 设置互动元素

设置互动元素，是电子版期刊区别于传统纸质版期刊的一大显著特色，也是增强读者参与感的重要举措。在线评论功能，就像搭建起一座沟通的桥梁，让来自不同背景的读者能够在这里畅所欲言，尽情分享自己对于文章的独到见解、内心疑问或者深刻感悟，从而形成多元观点相互碰撞、相互交融的热烈氛围。期刊编辑和作者也能够借助这些评论，精准捕捉读者的反馈信息，敏锐发现文章存在的不足之处，为后续的内容创作与优化提供明确的方向指引。问卷调查则宛如期刊与读者之间的沟通纽带，通过精心策划、设计的问卷，期刊可以深入了解读者对于不同主题的兴趣偏好，把握读者对于内容深度和广度的期望程度，以及收集读者对于期刊排版布局、栏目设置等方面的宝贵建议。基于这些调研结果，期刊能够有针对性地优化内容，进一步密切与读者的互动交流，有效提升读者的归属感。

4. 优化阅读界面

持续优化电子版的阅读界面，同样是提升读者体验的关键所在。在字体设置板块，提供丰富多样的字体大小选项，充分满足不同视力状况读者的个性化需求；同时，配备多种色彩模式，方便读者依据自身喜好以及实际阅读环境灵活选择。例如，在强光环境下，读者可以选择高对比度的颜色组合，以显著提高阅读的清晰度；在光线柔和的环境中，则可切换至相对柔和的色彩搭配，让阅读更加舒适惬意。在页面布局方面，采用简洁明晰的设计风格，合理划分各个内容区域，避免信息过度繁杂堆砌，确保文字、图片、多媒体元素等各类内容和谐共生、相得益彰，从视觉层面为读者带来更为舒适美观的感受。增设夜间模式功能，能够依据环境光线自动调节页面亮度和色彩对比度，有效减少对眼睛的刺激，为读者在夜间或者弱光环境下的阅读提供便利。除此之外，还可以进一步优化操作流程，设置便捷实用的导航栏和书签功能，使读者能够迅速定位到自己感兴趣的内容，大幅提高阅读效率，从各个维度全方位满足不同读者的阅读需求。

二、移动应用

（一）功能与优势

在数字化转型的汹涌浪潮中，移动应用已然成为期刊实现华丽转身的关键载体，其具备的便捷性与互动性等突出优势，正全方位地重塑期刊与读者之间的关系，深度变革期刊的传播生态。

1. 便捷性

移动应用所展现的便捷性，无疑具有革命性的意义。在当前快节奏的生活方式中，人们的时间被分割成无数碎片化的片段。移动应用巧妙地适应了这种碎片化的生活方式，使得阅读能够无缝地融入日常生活中。想象一下，在每天上下班拥挤的公交或地铁中，周围充斥着喧嚣与嘈杂，人们却能利用这段短暂的通勤时间，通过手机或平板电脑上的期刊移动应用，沉浸于知识的广阔海洋，浏览最新的期刊文章，将原本单调乏味的旅途变得充实且富有意义。又或者，在轻松的休闲度假时光，躺在沙滩椅上，沐浴在温暖的阳光下，只需轻触屏幕打开应用，便能在期刊内容的广阔天地中自由探索，完全摆脱时间和空间的束缚。即使是在排队等候的短暂时刻，或是在午休的短暂间隙，只要有移动设备和畅通的网络，期刊内容便触手可及，真正实现了阅读与生活各个方面的深度融合。

2. 互动性

强大的互动功能无疑是移动应用的一大核心亮点。在传统的期刊阅读模式下，读者往往只是被动地接收信息。而移动应用的出现，彻底打破了这一局面。如今，读者能够在文章下方的评论区表达自己的观点，无论是对文章中某一观点的赞同并补充，还是提出截然不同的看法，都能在此得到充分的抒发。这种互动不仅仅存在于读者与内容之间，更在读者与读者之间搭建起了一座沟通交流的桥梁。来自不同地域、拥有不同背景和职业的读者，因为对同一篇期刊文章的兴趣而汇聚在一起，展开热烈的讨论。他们的思想在这里激烈碰撞，知识和经验得以相互分享，进而形成了一个充满活力的阅读社区。

3. 订阅功能

订阅功能为读者打造了极具个性化的阅读体验。读者可以依据自身的兴趣爱好，针对感兴趣的特定主题、栏目或者作者的内容进行订阅。一旦有新的相关内容发布，应用就如同一位忠实可靠的信息传递者，即刻推送通知，确保读者不会错过任何重要资讯。以关注科技领域的读者为例，一旦期刊上发表了关于人工智能、量子计算等前沿技术的最新研究成果，应用便会在第一时间将消息推送给他们，助力他们时刻紧跟科技发展的前沿动态。

4. 推送通知功能

移动应用的推送通知功能极大地提升了用户的活跃度和参与度。除了推送新内容提醒，期刊还能借助这一功能，及时向用户传达诸如期刊改版升级、新合作项目等最新动态，让用户时刻掌握期刊的发展变化。精彩文章推荐则依据用户的阅读历史和偏好，精准推送契合他们口味的文章，助力用户挖掘更多有价值的内容。专题活动通知更是能够吸引用户踊跃参与，像线上征文比赛、专家讲座直播、主题讨论周等活动，通过这些活动，用户与期刊之间的联系愈发紧密，用户的参与感和归属感也日益增强。

（二）开发要点

在移动应用开发进程中，用户体验设计是关乎期刊移动应用成败的核心环节，其重要性怎么强调都不为过。它就像一根无形的线，串联起用户与应用之间的交互体验，直接影响着用户是否愿意持续使用这款应用，进而决定了期刊数字化传播的成效。

1. 界面设计

界面设计作为用户与应用交互的第一扇窗口，简洁美观是其设计的首要原则，必须精准契合大众普遍的审美习惯。在色彩搭配上，要充分考量色彩心理学的原理。例如，对于以文化艺术为主题的期刊应用，可选用暖色调，像米黄色、淡粉色等，营造出温馨、文艺的阅读氛围，让用户在阅读时仿佛置身于艺术的殿堂；而科技类期刊应用，则可采用冷色调，如蓝色、银色，彰显科技的严谨与创新，让用户感受到科技的前沿魅力。在元素布局方面，严格遵循平衡与对称的美学原则，合理划分页面区域，使各个功能模块一目了然。把诸如阅读、收藏、分享等常用功能按钮，放置在屏幕底部或侧边的固定区域，方便用户单手操作，符合人体工程学原理，大大提升操作的便捷性。同时，运用简洁流畅的线条和简单的几何图形，避免过多繁杂的装饰元素，让页面呈现出简洁大方的视觉效果，不给用户造成视觉负担。

2. 操作便捷

操作的方便快捷性是衡量用户体验的关键指标，要确保读者能够轻松上手，无需花费大量时间去摸索和学习。采用简洁明了的图标是达成这一目标的重要手段。每个图标都应具备直观的表意功能，让用户一眼就能明白其代表的功能。比如，用放大镜图标表示搜索功能，用户看到这个图标就能快速联想到搜索操作；用爱心图标表示收藏功能，形象又易懂。菜单导航的设计也至关重要，需采用清晰易懂的层级式结构，严格控制嵌套层级的数量，避免出现过于复杂的层级关系。这样一来，用户在查找内容时，能够通过简单的点击操作，迅速找到自己需要的功能或文章，大大提高操作效率。同时，要极力避免复杂的操作流程，减少不必要的确认步骤，简化注册登录流程，让用户能够流畅无阻地使用应用，从进入应用的第一步起，就感受到便捷与高效。

3. 特色功能

结合移动设备的特性，开发独具特色的功能，能够显著提升用户体验。语音朗读功能便是其中一项极具实用价值的特色功能，它充分考虑到读者在一些特殊场景下不方便阅读的需求。比如在驾车途中，驾驶者需要全神贯注地关注路况，双手和眼睛都被占用，无法进行阅读。此时，语音朗读功能就发挥了重要作用，用户只需点击开启，就能在驾驶的同时，通过清晰流畅的语音播报，了解期刊内容，将原本被浪费的通勤时间充分利用起来，获取知识与信息。在家做家务时，用户双手忙于家务，眼睛也无暇顾及屏幕，借助语音朗读功能，就能一边做家务一边“听”期刊，让枯燥的家务时光变得充实有趣。

4. 离线阅读

离线阅读功能同样为用户提供了极大的便利，方便读者在没有网络的情况下也能阅读已下载的内容。在乘坐飞机时，由于高空环境的限制，无法连接网络，但用户可以提前下载好感兴趣的期刊文章，在飞行途中尽情享受阅读的乐趣，打发漫长的旅途时光。在偏远地区，网络信号可能不稳定甚至完全没有网络，离线阅读功能就能确保用户不会因为网络问题而中断阅读，随时随地都能沉浸在期刊的知识海洋中。

个性化推荐功能是基于大数据分析和先进的人工智能算法实现的，它根据读者的阅读历史和兴趣偏好，为用户精准推荐个性化的内容。通过对用户阅读行为的深度挖掘和分析，应用能够精准把握用户的兴趣点。比如，一位经常阅读历史类文章，且对古代王朝兴衰特别感兴趣的用户，应用会为其推荐最新的历史研究成果、考古发现，以及与古代王朝相关的文化解读文章等。这种个性化推荐不仅能够提高用户的阅读满意度，让用户更容易发现自己感兴趣的内容，节省筛选信息的时间，还能有效提升用户的留存率，使用户更愿意持续使用该应用，增强用户与应用之间的黏性，让期刊移动应用真正成为用户获取知识、交流思想的重要平台。

第三节　数字化运营模式：数据分析与个性化推荐

在期刊移动应用的数字化运营进程中，数据分析与个性化推荐是相辅相成的两大关键要素，它们共同推动期刊实现精准传播，深度契合用户需求，显著提升用户体验与运营效率。数据分析作为数字化运营的基石，为期刊提供了深入洞察用户行为和市场趋势的有力工具。通过收集用户在移动应用上的各类行为数据，如阅读行为、互动行为、订阅行为等，期刊能够挖掘出丰富且极具价值的信息。个性化推荐则着重挖掘用户潜在的兴趣点。通过分析用户的行为数据，找到与用户现有兴趣相关但尚未被关注的领域，为用户推荐一些具有拓展性的内容。

一、数据分析

（一）数据收集与整理

在数字化时代的澎湃浪潮中，期刊行业正积极适应变革，利用数字化平台来收集和分析海量的用户阅读行为数据。这些数据仿佛一个蕴藏着巨大商业和学术潜力的宝藏，为期刊提供了精准把握读者需求、实现差异化发展的关键支持。

期刊通过多样化的数字化渠道，全面收集用户阅读行为数据。在阅读时间的统计上，运用先进的算法和数据监测技术，通过移动应用后台数据统计，能够精确追踪读者的阅读高峰时段。无论是上班族在清晨通勤时利用碎片化时间浏览资讯，还是读者在夜晚的宁静时刻沉浸在深度阅读中，这些行为细节都能被详细记录并进行分析。关于阅读频率，不仅能够掌握一周内的阅读频次分布，例如工作日和周末的阅读习惯差异，还能进一步分析不同季节、不同节假日对阅读频率的影响。而在阅读内容偏好的分析上，通过监测用户的点击、浏览、收藏等行为，能够精确洞察他们对学术研究、科普知识、行业动态、生活休闲等各类文章的偏好程度。

期刊收集的用户信息维度广泛且全面。在注册信息方面，包括年龄、性别、职业、地区等关键要素。年龄数据有助于了解不同年龄段读者的阅读倾向，例如年轻群体是否更热衷于追求时尚前沿的内容，中老年群体是否对经典学术研究更为关注；性别信息可辅助分析不同性别在阅读选择上的差异，男性可能对科技、财经类文章兴趣浓厚，女性或许更青睐文化、生活类内容。职业信息能让期刊深入了解不同职业背景读者的需求，例如科研工作者对专业学术论文的需求，企业从业者对行业趋势分析的关注等。地区数据则有助于了解不同地域的文化差异对阅读偏好的影响，一线城市的读者可能更关注国际前沿资讯，而二三线城市读者或许对本地特色内容更感兴趣。

期刊还将目光投向社交媒体平台，挖掘用户在上面的社交行为数据。例如，如果一位读者关注了多个知名行业专家的账号，很可能对该行业的深度内容有较高兴趣；通过分析用户参与的话题讨论，包括发言内容、参与频率等，能够揭示他们内心真正关注的焦点话题，从而精准把握读者的兴趣点与需求。

对这些海量且复杂的数据进行科学整理和深入分析，是挖掘数据价值的关键所在。首先通过数据清洗，剔除无效和错误数据，为后续分析奠定坚实基础。接着运用数据挖掘算法、统计分析模型等技术手段，对数据进行多维度分析。例如，通过关联分析将用户的年龄、职业信息与阅读偏好进行关联，能够清晰判断出不同年龄段和职业群体对期刊内容的需求差异。

这些分析结果为期刊的内容生产和运营提供了有力的依据。在内容生产方面，期刊可以根据不同群体的需求，有针对性地策划选题、邀请专业作者创作，确保内容精准触达目标受众，提升内容的吸引力与价值。在运营层面，根据用户的阅读时间和频率，合理安排推送时间和推送内容，实现个性化推送，提高用户黏性和活跃度，增强用户与期刊之间的互动，助力期刊在激烈的市场竞争中脱颖而出，实现可持续发展。

（二）数据应用

在数字化浪潮奔涌的当下，期刊行业的变革与发展紧密依托于对数据的深度挖掘和高效运用。数据分析成果宛如一把万能钥匙，深度融入期刊的内容生产、选题策划、推广营销等核心环节，为期刊的持续发展注入源源不断的动力，显著提升其市场竞争力。

1. 内容生产：以数据为灯塔，精准导航

在内容生产环节，数据分析宛如一座明亮的灯塔，为期刊指明前行的方向。期刊借助专业的数据挖掘工具，全面收集用户在一段时间内的阅读行为数据，包括点击偏好、阅读时长、收藏习惯以及分享倾向等。通过对这些数据的深度剖析，期刊能够精准洞察读者的兴趣点与需求倾向。

假设数据分析显示，用户对科技领域中人工智能方向的关注度持续攀升，期刊便会迅速响应。编辑团队积极与人工智能领域的知名专家、学者建立联系，诚挚邀请他们撰写兼具深度与前瞻性的文章。同时，为全方位呈现该领域的最新研究成果与应用趋势，期刊精心策划并推出人工智能专题。此专题不仅涵盖专家的深度解读文章，还融入相关的案例分析、技术发展趋势预测等多元内容，从多个维度满足用户对这一领域的探索渴望，进一步夯实期刊在该领域的专业性与影响力。

2. 选题策划：数据驱动，精准定位

选题策划同样离不开数据分析的强力支撑。期刊通过整合用户在评论区、问卷调查、社交媒体互动等多渠道留下的反馈信息，结合用户的年龄、职业、阅读习惯等多维度数据，深入洞悉用户的真实需求与期望。

例如，针对年轻职场人士群体，数据表明他们对职业发展规划、行业技能提升等内容需求强烈。基于此，期刊在选题策划时，便围绕这些热点话题，策划诸如“职场晋升秘籍”“新兴行业必备技能”等针对性选题。此外，期刊还会依据不同季节、不同时间节点用户兴趣的动态变化，灵活调整选题方向。在开学季，针对学生群体策划与学习方法、学术研究相关的选题；在节假日，推出轻松有趣的文化、生活类选题，确保期刊内容始终契合用户在不同场景下的阅读需求，持续保持强大的吸引力。

3. 推广营销：数据赋能，高效传播

在推广营销方面，数据分析成为优化策略、提升效果的关键法宝。期刊借助专业的数据分析软件，细致追踪用户从不同渠道进入期刊平台的路径与行为，深入了解用户是通过哪些平台、何种方式知晓期刊的。

若分析发现大部分用户源自社交媒体平台，期刊便会加大在社交媒体领域的推广投入。根据不同社交媒体平台的特性与用户群体差异，量身定制针对性的广告与宣传内容。在微信平台，精心制作图文并茂的推送，巧妙结合热门话题与用户痛点，激发用户的阅读兴趣；在抖音平台，创作生动有趣的短视频，直观展示期刊的亮点内容与特色栏目。期刊还依据用户在社交媒体上的互动行为，如点赞、评论、转发等数据，进一步优化推广内容与投放时间，提高推广的精准度与有效性，让更多潜在用户关注并认可期刊。

综上所述，数据分析贯穿期刊运营的各个环节，从内容生产的精心雕琢，到选题策划的精准定位，再到推广营销的高效传播，全方位助力期刊在竞争激烈的市场中脱颖而出，实现可持续发展。

二、个性化推荐

（一）推荐算法简介及种类

个性化推荐作为基于数据分析的一种精准营销手段，在当下数字化信息爆炸的时代，正发挥着极为关键的作用，深刻影响着期刊行业与用户之间的交互模式。它借助先进的算法模型，对用户在期刊平台上产生的行为数据进行深度挖掘与分析，进而精准预测用户的兴趣偏好，为每一位用户量身定制个性化的内容推荐，极大地提升了用户获取感兴趣信息的效率。

在个性化推荐的技术体系中，常用的推荐算法种类丰富，各有千秋。

1. 协同过滤算法

协同过滤算法是其中颇具代表性的一种，它主要聚焦于用户之间的相似性分析。该算法会全面收集和分析用户在期刊平台上的阅读历史、收藏记录、点赞评论行为等数据，以此构建用户兴趣画像。通过复杂的计算模型，找出与目标用户兴趣高度相似的其他用户群体。例如，在期刊阅读场景中，若用户 A 和用户 B 都频繁阅读科技类文章，在算法的深度分析下，认定二者兴趣相似。当系统发现用户 A 对某篇关于人工智能的前沿研究文章青睐有加时，基于协同过滤算法的逻辑，就会将这篇文章推荐给用户 B。这种推荐方式能够有效利用用户群体之间的行为共性，拓展用户的阅读视野，让用户接触到更多可能感兴趣的内容。不过，协同过滤算法也存在一定局限性，比如当新用户进入平台，由于其行为数据较少，算法难以准确找到与之相似的用户群体，推荐效果可能会大打折扣。

2. 内容过滤算法

内容过滤算法则另辟蹊径，它将核心关注点放在文章的内容特征上。该算法会对期刊中的每一篇文章进行细致的内容分析，提取诸如关键词、主题、核心观点等关键内容特征。同时，结合用户在平台上留下的兴趣偏好数据，如用户主动设置的兴趣标签、过往阅读文章的主题分类等，进行精准匹配。例如，当一篇新发表的关于历史文化的文章，其关键词包含“唐宋诗词”“文化传承”等，而系统中某用户长期关注历史文化领域，且对诗词相关内容表现出浓厚兴趣，内容过滤算法就会迅速捕捉到这种匹配关系，将该文章推荐给这位用户。内容过滤算法的优势在于它对文章内容的深度理解，能够基于内容本身的价值进行推荐，推荐的准确性在一定程度上较高。但它也容易受到文章内容描述准确性和完整性的影响，若文章内容提取不准确，可能导致推荐偏差。

3. 深度学习算法

深度学习算法作为近年来发展迅猛的先进技术，在个性化推荐领域展现出强大的潜力。它利用复杂的神经网络模型，对海量的用户数据和文章数据进行大规模的学习与训练。这些数据涵盖了用户的各种行为信息、文章的全方位内容特征以及用户与文章之间的交互历史等。通过多层神经网络的复杂运算和深度学习，深度学习算法能够自动提取数据中的深层次特征和规律，从而实现更加精准、智能的个性化推荐。例如，在面对海量的科技类期刊文章和多样化的用户兴趣时，深度学习算法能够综合考虑用户的阅读习惯、搜索历史、在不同文章上的停留时间等多维度信息，以及文章的专业术语分布、研究方法特点等内容特征，为不同用户推荐高度契合其需求的科技文章。深度学习算法的优势在于其强大的学习能力和对复杂数据的处理能力，能够适应不断变化的用户需求和内容生态。但它也面临着计算资源消耗大、模型训练时间长等挑战。

（二）实施效果与优化

在期刊数字化运营的众多策略中，个性化推荐无疑扮演着至关重要的角色。它就像是一座桥梁，紧密地将期刊与用户连接起来，不仅能够显著提升用户的阅读满意度，还能有效提高用户的留存率，从而极大地增强期刊的用户黏性。在当今这个信息爆炸的时代，读者面临着海量的内容选择，个性化推荐宛如一位专属的阅读管家，能够精准地为用户筛选出符合其个人兴趣偏好的内容，帮助他们在茫茫的信息海洋中找到自己真正感兴趣的文章。

通过利用先进的数据分析技术，期刊能够深入挖掘用户过往的阅读历史、收藏行为、点赞评论记录以及在不同文章上的停留时长等多维度数据。这些数据的分析使得期刊能够精准地把握用户的兴趣脉络。例如，对于一位长期关注历史文化领域，并且经常阅读古代史相关文章的用户，期刊可以为其推荐“秦汉时期政治制度演变新解”“唐代文化繁荣背后的经济因素”等文章，这些内容与用户的兴趣高度契合，让用户能够轻松发现感兴趣的内容，避免在海量信息中迷失方向。这种精准的推荐方式极大地提高了用户对期刊的好感度，使他们更愿意在期刊平台上投入时间进行阅读，从而有效提升了用户的使用频率。

为了持续发挥个性化推荐的强大效能，期刊必须不断优化推荐算法，提升其准确性和时效性。在数据更新方面，期刊需要建立高效的数据更新机制，定期更新用户数据和文章数据。用户的兴趣并非一成不变，它们可能会随着时间的推移、社会热点的变化以及个人经历的转变而发生变化。例如，一位原本只关注时尚穿搭的用户，由于工作变动开始对职场技能提升产生兴趣。此时，及时更新用户数据，能够让算法捕捉到这一变化，从而为其推荐职场沟通技巧、职业发展规划等相关文章。同样，文章数据也在不断更新，新的研究成果、时事热点报道不断涌现，定期更新文章数据能确保推荐内容始终保持新颖性和时效性。

同时，注重用户反馈是优化推荐策略的关键一环。期刊应搭建多元化的用户反馈渠道，无论是在移动应用内设置反馈入口，还是通过社交媒体、电子邮件等方式收集用户意见。当用户对推荐的内容不满意时，期刊要迅速响应。通过分析用户反馈，结合后台数据记录，深入探究原因。可能是算法对用户兴趣标签的识别出现偏差，也可能是推荐的文章质量与用户期望不符。例如，若发现用户频繁对推荐的某类科技文章表示不满，经分析是因为文章专业性过强，超出了该用户的知识储备范围，那么期刊就可以调整算法参数，在推荐此类文章时，优先选择一些科普性、通俗易懂的内容，或者增加相关基础知识的链接推荐，以提供更符合用户需求的推荐内容，不断提升个性化推荐的质量，为期刊的持续发展提供有力支撑。

第六章

案例分析

在信息技术日新月异和媒体环境发生深刻变革的时代背景下，期刊行业正面临着前所未有的挑战与机遇。一方面，互联网的普及使得信息传播的速度和广度达到了前所未有的程度，读者获取信息的方式变得更加多样化，这对传统期刊的发行和传播造成了巨大冲击；另一方面，数字化技术也为期刊行业带来了新的发展契机，如新媒体平台的兴起、大数据分析的应用等，为期刊的创新发展提供了更多可能性。在这样的背景下，深入研究国内外成功期刊的商业模式，探索其成功的关键因素和内在逻辑，对于期刊行业寻求可持续发展路径、在激烈的市场竞争中脱颖而出具有至关重要的现实意义。本章选取国内具有广泛影响力的《读者》和国外在时尚领域占据重要地位的《智族 GQ》作为主要研究对象，力求全面、深入地分析其商业模式的特点与成功经验，为期刊行业的发展提供有益借鉴。

第一节　国内外成功期刊商业模式案例

一、国内成功期刊商业模式案例——以《读者》为例

（一）内容驱动与品牌价值挖掘

《读者》杂志自1981年诞生以来，在过去的四十多年里，始终如一地展现出强劲的发展势头。它不仅在单期销量上长期稳居全国同类期刊出版物市场的领头羊位置，而且其累计发行量已经突破了令人瞩目的20亿册大关。这一非凡成就使得《读者》在广大读者心中树立起了“中国人的心灵读本”这一深入人心的形象。自从它诞生的那一刻起，《读者》就将传播优秀文化、彰显人文关怀作为自己的神圣使命。它的内容丰富多彩，不仅包括了文学、艺术、哲学、人生感悟等多个领域，还通过精心挑选的文章，为读者们提供了精神上的滋养和心灵上的慰藉。长期以来，《读者》对内容质量的严格把控，使得它积累了极高的品牌价值。2018年，“读者”品牌成功入选世界品牌实验室评选的“中国500最具价值品牌”，其品牌价值高达人民币302.23亿元。随着时代的发展和行业环境的不断变化，《读者》敏锐地察觉到品牌价值背后蕴含的巨大商业潜力，并积极探索品牌变现的途径。2018年，《读者》与秋谷集团等合作伙伴携手，共同建设并运营了“惠州读者文化公园项目”。在这个项目中，《读者》充分利

用了自身的品牌优势，以“读者”这一知识产权为核心，打造了一个集文化、休闲、娱乐等多种功能于一体的文化地标。在此次合作中，《读者》主要负责品牌授权，而无需进行资金投入，这种轻资产的运营模式不仅显著降低了投资风险，还成功探索出了一条品牌商业化变现的新路径，为其他期刊品牌运营提供了新的思路。

（二）数字化转型与新媒体矩阵构建

在汹涌澎湃的数字化浪潮中，《读者》杂志并未选择袖手旁观，而是以积极主动的姿态，勇敢地迎接了转型的挑战。在新媒体内容传播的领域，《读者》精心构建了一个以微信公众号为核心的新媒体平台，这个平台不仅是一个简单的信息发布渠道，它还向读者读书会、自媒体社群、知识付费等多元化领域进行了延伸，形成了一个覆盖广泛、功能丰富的融媒体生态圈。这个全媒体平台的用户数量已经超过了千万大关，其中微信公众号更是拥有近500万的高黏度粉丝，这些粉丝对《读者》的内容有着极高的黏着度和活跃度。

为了更好地与读者互动，增强用户的参与感和黏性，《读者》的微信公众号团队精心策划内容，并进行高效运营。他们不仅定期推送高质量的文章内容，还积极组织各种互动活动，如读者问答、话题讨论等，这些活动极大地提升了读者的参与度和满意度。此外，《读者》还充分利用了喜马拉雅App这一音频平台，投放了丰富的音频资源，吸引了大量听众的关注。喜马拉雅App上的《读者》内容点击量已经超过了4亿人次，这不仅进一步拓展了《读者》的传播渠道，也极大地增加了其受众群体。

在数字化转型的过程中，《读者》杂志还大力推动了“读者·新语文”这一中小学阅读写作教育平台的项目建设。该项目充分利用了《读者》杂志多年积累的优质内容资源，与教育专家团队紧密合作，共同开发了一系列适合中小学生的阅读写作课程。这些课程通过线上线下的结合，为中小学生提供了一个系统性的学习平台。这一举措不仅实现了传统出版资源的数字化转型，还成功打造了一条从内容创作到教育培训的完整产业链。通过这样的多元化发展，为《读者》杂志的未来发展开辟了一条崭新的道路，也为传统出版业的转型升级提供了可以借鉴的范例。

（三）多元化产业拓展

在2018年，《读者》杂志在上海开设了其首家集合概念店——“读者·外滩旗舰店”。这个体验店不仅仅是一个简单的书店，它将图书销售、丰富的文化活动以及休闲咖啡等多种业态巧妙地融合在一起，为读者们创造了一个全新的文化消费空间。自从开业以来，这个书店的月均营业收入一直保持着稳步增长的态势，不仅实现了可观的经济效益，还通过举办各类线下活动，例如读书分享会、文化讲座等，吸引了大量的读者。这些活动不仅丰富了读者的文化生活，还探索出了一种利用文化阅读空间来宣传推广品牌的新模式。与此同时，“读者·新语文”中小学阅读写作教育平台项目的线下渠道建设及推广活动也在有条不紊地推进中。通过“读者·新语文朗读联盟”，众多中小学校被吸引加入，该联盟通过举办各种形式多样的阅读活动，如朗诵比赛、作文竞赛等，极大地激发了学生的阅读兴趣和写作热情。此外，《读者》杂志还挂牌了首批阅读写作基地，为学生提供了实践和展示自己才华的平台。通过一系列全民阅读文化活动的举办，如新书首发会、创作分享会、诗歌朗诵会等，进一步提升了《读者》品牌的影响力，同时也加深了品牌与读者之间的情感联系。

二、国外成功期刊商业模式案例——以《智族 GQ》为例

（一）新媒体内容创新

《智族 GQ》自 2009 年诞生以来，在全球纸质媒体普遍遭遇挑战的背景下，成功地实现了向新媒体的华丽转身。它旗下的“GQ 实验室”公众号，凭借其独树一帜的创意和新颖独特的视角，对都市中产阶级的生活进行了深刻的洞察和幽默的点评。这些文章风格轻松诙谐、个性鲜明，与传统时尚杂志的内容形成了鲜明的反差。这种创新的内容形式迅速吸引了大量年轻且具有高消费能力的读者群体，许多文章的阅读量轻松突破了“10 万+”，并且在社交媒体上引发了广泛的关注和热烈的讨论。“GQ 实验室”的成功不仅为《智族 GQ》赢得了极高的知名度和商业价值，而且还为传统期刊在新媒体时代的内容创新提供了宝贵的经验和成功的案例。到了 2018 年，《智族 GQ》凭借“GQ 实验室”的出色表现，实现了高达 2 亿元的收入。如今，品牌在“GQ 实验室”中投放一篇推广文章的费用可以达到百万元，这充分证明了新媒体内容创新所带来的巨大商业回报。

（二）精准定位与受众拓展

《智族 GQ》以极具前瞻性的战略眼光，精准锚定都市男性这一特定群体。这些都市男性大多活跃于一二线城市，他们年龄主要分布在 20～45 岁之间，是职场上的中坚力量，或是在创业浪潮中拼搏的弄潮儿。他们工作节奏快，追求事业上的成功，同时也注重生活品质，渴望在繁忙的生活中找到平衡与自我价值的实现。在兴趣爱好方面，他们热衷于关注各类时尚潮流，从国际知名品牌的最新秀场动态，到街头巷尾悄然兴起的小众穿

搭风格，都是他们津津乐道的话题；对生活方式有着独特的见解，追求高品质的居住环境、精致的餐饮体验以及充满创意的休闲活动，如参加艺术展览、体验高端健身课程等。在消费需求上，他们不仅追求商品的实用性，更注重品牌所传达的价值和形象，愿意为高品质、有设计感的产品买单，从高端电子产品到时尚服饰，从豪华汽车到精致的生活小物，消费领域十分广泛。

基于对目标群体的深入了解，《智族 GQ》在内容创作上精心布局，涵盖时尚潮流、生活方式、文化艺术、科技数码等多个领域。在时尚潮流板块，及时追踪巴黎、米兰、纽约等国际时尚之都的时装周动态，对各大品牌的新品发布进行深度报道，分析流行趋势的走向，为读者提供专业的时尚穿搭建议，无论是商务场合的正装搭配，还是休闲时光的潮流装扮，都能在杂志和新媒体平台上找到灵感。在生活方式方面，介绍全球各地的高端度假胜地、特色美食餐厅，分享家居装饰的最新理念和创意，满足都市男性对品质生活的向往。文化艺术领域，深入探讨当代艺术的发展趋势，对知名艺术家的作品进行解读，同时关注文学、音乐、电影等领域的动态，举办各类文化活动，如文学沙龙、艺术展览开幕式等，提升读者的文化素养和审美水平。科技数码板块则聚焦于最新的电子产品发布、科技创新成果，从智能手机的性能评测到虚拟现实技术的应用前景，为对科技感兴趣的读者提供前沿资讯。

在传播渠道上，《智族 GQ》充分发挥社交媒体平台的传播优势。在微博上，每日发布多条时尚资讯、潮流单品推荐、明星时尚穿搭等内容，利用微博的话题功能，发起如“#GQ 时尚周报#”“#都市型男穿搭挑战#”等热门话题，吸引大量用户参与讨论和互动，话题阅读量常常突破千万甚至上亿。同时，与明星、时尚博主等合作，邀请他们参与话题讨论和内容创作，借助他们的影响力扩大品牌传播范围。

（三）品牌合作与商业变现

凭借自身在时尚与文化领域积累的强大品牌影响力，《智族 GQ》宛如一块强大的磁石，吸引众多知名品牌前来与之展开广泛而深入的合作。诸如 GUCCI、PRADA、ARMANI 等代表着时尚潮流最前沿的国际一线时尚品牌。《智族 GQ》与这些品牌的合作，不仅是简单的商业联动，更是时尚理念与文化传播的深度融合。

在汽车领域，宝马、奔驰、保时捷等豪华汽车品牌也将目光投向了《智族 GQ》。这些汽车品牌注重自身高端、时尚、科技的品牌形象塑造，而《智族 GQ》的受众群体与它们的目标客户高度契合。电子产品领域同样如此，苹果、华为、索尼等知名企业，凭借其在科技创新方面的卓越成就，渴望通过与《智族 GQ》的合作，将自身的品牌理念传递给追求品质生活、关注科技潮流的都市精英。

《智族 GQ》与各品牌的合作形式丰富多样，极具创新性。在品牌植入方面，以时尚大片拍摄为例，当拍摄一组以都市精英生活为主题的时尚大片时，会巧妙地将合作品牌的产品融入其中。比如，让模特身着 GUCCI 的最新款服饰，佩戴 PRADA 的时尚配饰，手持苹果最新款手机，驾驶宝马豪华轿车穿梭在城市的繁华街道。通过精美的画面构图、独特的场景布置以及富有故事性的情节设计，将品牌元素自然地融入整个时尚大片中，使观众在欣赏时尚大片的同时，潜移默化地接受品牌形象的传播。

在专题报道方面，《智族 GQ》会精心策划深度专题。以某知名汽车品牌为例，会深入探寻该品牌的发展历程，从品牌创立之初的历史背景，到在不同时代的技术创新和设计突破，全面解读品牌的发展脉络。同时，深入剖析品牌的设计理念，比如汽车的流线型设计如何体现速度与美感的结合，内饰的材质选择和布局如何满足人体工程学和舒适性的需求。还会详细介绍产品特色，如先进的智能驾驶系统、高效的动力引擎等，让读者对品牌有更全面、深入的了解。

线下活动也是《智族 GQ》品牌合作的重要形式。例如举办时尚之夜活动，邀请各大合作品牌的代表出席，同时邀请众多明星嘉宾、时尚博主、行业专家等参与。活动现场设置品牌展示区，展示合作品牌的最新产品和经典款式。安排品牌走秀环节，模特身着时尚品牌的服装，搭配电子产品和汽车品牌的展示，进行精彩的走秀表演。还会设置互动体验区，让观众亲身感受汽车的驾驶体验、电子产品的操作乐趣等。通过这些活动，吸引大量粉丝关注，引发社交媒体的广泛传播，极大地提升了品牌的知名度和美誉度。

通过多元化的合作方式，《智族 GQ》成功实现了商业价值的最大化。在广告收入方面，与众多品牌的合作带来了丰厚的广告收益，成为重要的盈利来源。在品牌价值提升上，与各领域知名品牌的合作，进一步巩固和提升了《智族 GQ》自身的品牌形象，使其在读者心中的地位更加稳固。在商业拓展上，通过合作拓展了业务领域，如与汽车品牌合作开展试驾活动，与电子产品品牌合作举办新品发布会等，为期刊的商业化运营提供了丰富而宝贵的成功经验，成为期刊行业在品牌合作与商业变现方面的典范。

三、案例分析与启示

（一）内容质量是核心竞争力

在期刊行业的发展进程中，《读者》与《智族 GQ》宛如两颗璀璨的明星，它们的成功绝非偶然，而是在漫长的发展历程中，始终坚定不移地将内容质量奉为期刊发展的核心要素，这一理念贯穿于它们运营的每一个环节。

《读者》自创刊以来，便将传播优秀文化视为己任，在文学、艺术、哲学、人生感悟等多元领域广泛涉猎，精心筛选每一篇文章。从经典的文学作品赏析，让读者在文字的世界里感受文学巨匠的魅力；到对人生哲理的深刻探讨，启发读者对生活的思考，给予心灵上的慰藉。它始终坚守人文关怀，关注社会热点背后的人性温度，展现普通人的生活故事与奋斗历程，这些高质量的内容如同一股清泉，滋润着读者的心田，用真诚和深度打动了一代又一代的读者，逐渐塑造起“中国人的心灵读本”这一深入人心的品牌形象，成为无数读者精神世界中不可或缺的一部分。

而《智族 GQ》则聚焦于都市男性群体，对他们的生活进行了细致入微的观察与剖析。在时尚潮流方面，紧密追踪国际时尚前沿动态，深入解读各大品牌的设计精髓，为读者提供专业且具有前瞻性的时尚穿搭建议，无论是商务场合的干练着装，还是休闲时光的个性搭配，都能在其中找到灵感。在生活方式板块，分享高端的生活理念，如精致的家居布置、独特的美食体验等，满足都市男性对品质生活的追求。同时，在文化艺术与科技数码领域，也为读者带来前沿的资讯与深度的解读，从当代艺术展览的精彩呈现，到最新电子产品的性能评测，通过独特的内容表达，全方位满足了读者对品质生活和时尚文化的多元追求。

优质的内容犹如一把万能钥匙，不仅能够精准吸引读者的关注，在信息爆炸的时代脱颖而出，更能在读者心中悄然种下品牌的种子，生根发芽，建立起良好的品牌形象。当读者长期沉浸在高质量的内容中，对期刊产生信任与依赖，便为后续的商业拓展筑牢了根基。对于期刊从业者来说，“内容为王”绝不是一句空洞的口号，而是期刊运营的根本准则。在实际操作中，应不断提升内容的专业性，邀请行业内的权威专家、学者参与创作，确保内容的准确性与深度；挖掘内容的深度，不仅仅停留在表面的报道，而是深入探讨事件背后的本质与规律；增添内容的趣味性，运用新颖的表达方式、生动的语言和丰富的案例，让读者在阅读中既能获取知识，又能享受乐趣，从而全方位满足读者日益多样化的阅读需求，为期刊的长远发展奠定坚实基础。

（二）数字化转型是必然趋势

在数字化时代的滚滚浪潮中，信息传播的格局发生了翻天覆地的变化，期刊的数字化转型已成为一种不可阻挡的必然趋势，这一变革深刻影响着期刊行业的发展轨迹。

《读者》作为国内经典期刊，积极探索数字化转型并取得成果。以微信公众号为核心，构建新媒体矩阵，覆盖读书会、社群、知识付费等。微信公众号推送优质文章，吸引近 500 万粉丝，内容涵盖多领域，满足读者精神需求。读者读书会提供交流平台，增强读者与期刊间的情感联系。自媒体社群扩大影响力，知识付费业务整合优质内容，推出多样化产品，成功转型为知识服务商。

《智族 GQ》在数字化转型中表现突出，旗下“GQ 实验室”以独特视角分析都市生活，风格轻松有趣，吸引年轻读者。多篇文章在社交媒体上广泛传播。利用微博、微信、抖音等平台，发布时尚资讯、明星动态，制作短视频展示穿搭技巧，吸引年轻用户。结合新媒体内容创新与社交媒体传播优势，成功占据新媒体领域。

数字化转型为期刊带来了诸多积极影响。从传播渠道来看，打破了传统纸刊发行的地域限制和时间限制，让期刊内容能够触达全球各地的读者，极大地拓展了传播范围。在内容传播效率上，信息能够瞬间传递给读者，无需等待传统的印刷和发行周期。更重要的是，满足了读者在不同场景下的阅读需求，无论是在通勤路上、午休时间还是休闲时光，读者都能通过手机、平板等设备随时随地获取期刊内容。

对于期刊从业者而言，必须敏锐地捕捉数字化技术发展的脉搏。积极探索适合期刊自身特点的数字化转型路径，例如利用大数据分析读者的阅读偏好和行为习惯，从而实现精准内容推送；运用人工智能技术进行内容创作辅助，提高创作效率和质量；借助区块链技术保障内容版权，维护期刊和作者的合法权益。只有充分利用数字化技术，才能在激烈的市场竞争中提升期刊的竞争力，实现期刊行业的可持续发展。

（三）品牌价值挖掘与多元化产业拓展

在期刊行业的发展进程中，成功的期刊无一不善于挖掘自身独特的品牌价值，并通过多元化的产业拓展实现商业变现，这已成为期刊在激烈市场竞争中脱颖而出并实现可持续发展的关键策略。

《读者》通过品牌授权和文化项目合作，如“惠州读者文化公园项目”，将品牌影响力转化为商业价值，打造文化地标，举办文化活动，强化品牌地位，拓展商业价值边界，为品牌多元化发展提供借鉴。《智族 GQ》则与多个国际品牌合作，通过时尚大片和专题报道传播品牌形象，举办线下活动，提升品牌知名度和美誉度，实现品牌价值最大化。

多元化的产业拓展对于期刊而言，意义深远。从降低风险角度来看，传统期刊业务受市场环境、读者阅读习惯变化等因素影响较大，单一的业务模式使期刊面临较大的经营风险。通过拓展多元化产业，期刊可以将业务分散到不同领域，如文化旅游、教育培训、品牌合作等，当某一业务受到冲击时，其他业务可以起到支撑作用，有效提高抗风险能力。从新增长点角度分析，多元化产业拓展为期刊开辟了全新的盈利渠道。例如《读者》的文化公园项目和知识付费业务，《智族 GQ》的品牌合作和线下活动等，都为期刊带来了可观的收入，成为期刊发展的新引擎。

对于期刊从业者来说，在期刊运营过程中，必须高度重视品牌建设。一方面，要通过持续输出优质内容，举办各类文化活动，积极参与社会公益事业等方式，不断提升品牌知名度和美誉度。另一方面，要积极拓展多元化业务，结合期刊自身的定位和优势，探索与不同领域的合作机会。可以借鉴《读者》在文化产业领域的拓展经验，也可以学习《智族 GQ》在品牌合作方面的创新模式，通过多元化产业拓展，实现期刊的可持续发展，在不断变化的市场环境中始终保持竞争力。

第二节　国内外期刊失败案例分析与教训总结

在期刊行业的漫长发展历程中，成功案例无疑为从业者提供了前行的参照和方向，激励着他们不断探索与创新。但不可忽视的是，失败案例同样蕴含着深刻的价值，它们宛如一面镜子，映照出行业发展过程中的重重险阻与潜在危机。通过深入剖析这些失败案例，期刊从业者能够更加全面、深入地洞察市场的复杂性，以及运营过程中可能遭遇的各种风险。这不仅有助于他们在未来的发展中避开暗礁，实现稳健发展，还能促使整个行业不断反思和进步。

下文将以严谨的态度，广泛收集并精心筛选国内外具有代表性的失败期刊案例，从投资运营、内容质量、市场定位、学术诚信等多个维度展开深入分析，探寻其失败的根本原因。同时，通过对这些案例的综合研究，提炼出具有广泛适用性和实践指导意义的经验教训，为期刊行业在复杂多变的市场环境中实现可持续发展提供有力支撑。

一、国内失败期刊案例分析

（一）《新人消费指南》：市场定位偏差与运营短板引发的停摆

《新人消费指南》作为沈阳地区一本面向新婚人群的 DM（Direct Mail）杂志，在 2005 年推出第一期创刊号后，便再无下文，成为市场上的匆匆过客。

其失败的首要原因在于市场定位模糊。新婚人群作为一个特殊的消费群体，在筹备婚礼、购置婚房、购买新婚用品等方面有着强烈且独特的消费需求。他们追求个性化、高品质的商品和服务，同时也对婚礼策划、蜜月旅行等方面的信息充满渴望。然而，《新人消费指南》未能精准把握这些需求，内容缺乏针对性。在商品推荐上，没有根据新人的消费预算和品质要求进行分层筛选，推荐的商品要么价格过高，超出新人的承受能力；要么品质一般，无法满足新人对美好生活的向往。在内容策划上，没有深入挖掘新人在新婚阶段的情感需求和生活痛点，如婚礼筹备过程中的焦虑、婚后生活的适应等，导致文章内容空洞，无法引起读者的共鸣。

运营资金短缺是其面临的另一个致命问题。在杂志的运营过程中，内容采编需要投入大量的人力、物力和财力。从聘请专业的撰稿人、摄影师，到进行实地采访和拍摄，每个环节都需要资金支持。印刷制作环节同样成本高昂，纸张价格的波动、印刷工艺的选择以及装订费用的增加，都使得运营成本不断攀升。市场推广更是需要持续的资金投入，用于广告投放、活动策划、渠道拓展等。由于《新人消费指南》在运营初期未能吸引到足够的投资，也没有建立起稳定的盈利模式，导致资金链断裂，无法正常开展各项工作。

广告招商困难也是制约其发展的重要因素。DM 杂志的主要盈利来源是广告收入，然而，《新人消费指南》在广告招商方面举步维艰。一方面，由于杂志的市场定位不清晰，读者群体不明确，广告商对其投放广告的效果缺乏信心，不愿意投入资金。另一方面，杂志的运营团队在广告招商方面缺乏经验和策略，没有制定出具有吸引力的广告套餐和合作方案，无法满足广告商的多样化需求。缺乏充足的广告收入，使得杂志难以维持运营成本，可持续发展更是无从谈起。

（二）《北方商情—楼市沈阳》：投资运营与市场困境交织下的折戟

《北方商情—楼市沈阳》作为一本专注于房地产领域的 DM 杂志，于 2006 年 9 月创刊，然而仅仅三个月后便因投资方撤资被迫停刊，只出版了五期刊物就彻底消失在市场洪流之中。

从投资运营层面来看，杂志在筹备初期，缺乏对房地产市场和 DM 杂志运营模式的深度调研。在向投资方阐述项目规划时，未能提供详尽的市场调研报告，对沈阳当地房地产市场的供需关系、价格走势、消费者偏好等分析不够透彻，导致盈利规划过于理想化，缺乏可操作性。例如，其对广告收入的预估仅基于简单的市场规模估算，未充分考虑到房地产广告投放的季节性波动以及竞争对手的分流。同时，商业模式设计陈旧，主要依赖传统的广告投放和线下发行，在数字化浪潮下，没有探索线上线下融合的新型盈利模式，难以吸引投资方持续投入资金。

在企业管理方面，内部管理混乱。决策层缺乏专业的媒体运营经验，在制定发展战略时，仅凭主观臆断，忽视市场动态和读者需求变化。在内容选题上，未能紧跟沈阳房地产市场的热点，如新兴区域的开发、绿色环保住宅的兴起等，而是反复报道一些陈旧的房地产项目，导致内容与市场严重脱节。内部沟通体系如同虚设，采编部门为追求内容的丰富度，忽视广告客户的需求；运营部门则只关注发行数量，不考虑内容质量对读者的吸引力，各部门之间矛盾重重，严重影响了杂志的正常运营。

人才储备不足也是其失败的重要原因。房地产行业专业性强，政策法规频繁更新，需要专业的撰稿人能够准确解读政策，分析市场动态。但该杂志招聘的撰稿人多为刚毕业的大学生，缺乏行业经验，写出的文章内容空洞，无法为读者提供有价值的信息。编辑团队也缺乏资深编辑把关，稿件质量参差不齐。在市场推广方面，运营人才缺乏创新思维，依然采用传统的推广方式，如发放传单、举办小型展会等，在互联网时代，这些方式效果甚微，无法有效提升杂志的知名度和影响力。

当时中国 DM 杂志市场正处于寒冬，整体发展陷入困境，盈利状况良好的企业不足 1%。市场竞争异常激烈，各大城市的 DM 杂志数量众多，同质化严重。在这样恶劣的市场环境下，《北方商情—楼市沈阳》不仅要应对自身内部的重重问题，还要承受来自外部市场的巨大压力，最终不堪重负，走向失败。

（三）《写真地理》：内容质量崩塌与学术操守沦陷的恶果

《写真地理》是经国家广播电视总局批准的正规学术理论期刊，本应在学术领域发挥传播科学知识、推动学术进步的重要作用。然而，在 2020 年 6 月刊发的《熟蛋返生孵小鸡》这一违背科学常识的伪科学论文，让其沦为学术界和社会的笑柄，最终被停刊整顿。

此次事件的核心在于期刊对论文质量的把控完全失控。在学术期刊领域，论文质量是期刊的生命线，直接关系到期刊的学术声誉和影响力。《写真地理》的编辑团队在审核论文时，严重失职，未能对论文内容进行严格的真实性和科学性核查。“熟蛋返生孵小鸡”这一理论，完全违背了生物学的基本原理和常识，却能够在该期刊上发表，充分暴露了其审核流程的漏洞和编辑团队学术素养的不足。据调查，该论文的审核仅用了短短几天，远远低于正常学术期刊的审核周期，且没有经过严格的同行评审环节。

为了追求经济利益，期刊管理层全然无视学术的科学性与严肃性，放松了对论文质量的要求。在市场经济环境下，学术期刊面临着一定的经济压力，需要通过收取版面费、广告收入等方式来维持运营。然而，这绝不能成为降低论文质量标准的理由。《写真地理》为了获取更多的经济利益，不惜牺牲学术声誉，刊登伪科学论文，这种短视行为严重损害了期刊的形象和公信力，也破坏了整个学术生态环境。事件曝光后，该期刊的影响因子急剧下降，被多个学术数据库下架，作者投稿量大幅减少，曾经的学术地位一落千丈。

这一事件不仅导致学术界对《写真地理》的信任尽失，也引起了社会公众的广泛关注和质疑。学术期刊作为传播科学知识的重要平台，应该秉持严谨、科学的态度，为社会提供真实、可靠的学术成果。《写真地理》的行为，无疑是对学术尊严的践踏，对社会公众的误导，其受到停刊整顿的处罚也是咎由自取。

二、国外失败期刊案例分析

（一）*Tumor Biology*：学术诚信崩塌引发的声誉危机

Tumor Biology（《肿瘤生物学》）曾经是国际肿瘤学和生物标志物领域的权威官方杂志，在学术界享有较高的声誉。它先后隶属于德国斯普林格出版社和美国 SAGE 出版社，凭借其严格的审稿标准和在肿瘤学领域的专业性，吸引了众多肿瘤学领域的专家学者投稿，发表了大量具有影响力的研究成果，在推动肿瘤学研究发展方面发挥了重要作用。

然而，在2017年，一场突如其来的学术不端事件，彻底摧毁了该杂志的声誉和可信度。107篇中国作者的论文涉嫌违规提供虚假同行评审信息，引发了大规模的撤稿事件。同行评审是学术期刊保证论文质量的重要环节，通过同行专家的评审，可以对论文的研究方法、数据真实性、结论可靠性等方面进行严格把关。然而，这些违规论文通过不正当手段获取了虚假的同行评审意见，得以在杂志上发表，严重破坏了学术诚信和学术规范。据调查，这些违规论文的作者通过伪造评审专家身份、操纵评审意见等方式，绕过了正常的审稿流程。

这一事件给 *Tumor Biology* 带来了毁灭性的打击。首先，杂志的声誉一落千丈，在学术界的地位摇摇欲坠。读者和作者对其信任度急剧下降，许多原本计划投稿的作者纷纷转向其他更具信誉的期刊。其次，后续的稿件来源受到极大影响，高质量的稿件数量大幅减少。各大科研机构和学术团体对该杂志的认可度降低，不再将其列为重点推荐的发表平台。这使得杂志在内容质量和学术影响力方面都难以维持以往的水平，陷入了发展困境。此后，该杂志的订阅量大幅下滑，广告收入减少，运营成本却居高不下，面临着巨大的财务压力。

学术诚信是学术期刊的立身之本，任何学术不端行为都将对期刊的发展造成严重的损害。*Tumor Biology* 的案例警示着学术界和期刊从业者，必须高度重视学术诚信建设，加强对论文投稿和评审过程的监管，建立健全学术不端行为防范机制，确保学术期刊的健康发展。

（二）《柳叶刀》：数据真实性存疑引发的信任危机

《柳叶刀》作为全球极具影响力的权威医学期刊之一，自1823年创刊以来，一直致力于发表高质量的医学研究论文，为全球医学科研人员提供了重要的学术交流平台，对推动医学科学的发展做出了重要贡献。其发表的许多研究成果对临床实践和医学政策的制定产生了深远影响，在医学领域拥有极高的声誉和权威性。

《柳叶刀》曾发表的一篇关于氯喹和羟氯喹的临床观察性研究论文，却引发了一场严重的信任危机。这篇论文于2020年5月22日发表，声称氯喹和羟氯喹对治疗新冠病毒感染具有显著疗效。但随后其数据真实性遭到了质疑。许多专家学者通过对论文数据的分析和研究，发现其中存在诸多疑点，如数据来源不明、统计方法不合理等。在外界的质疑声中，三位作者不得不于6月4日主动撤回论文。经调查发现，该论文的数据收集过程存在漏洞，部分数据来自未经严格验证的渠道，统计分析方法也不符合医学研究的规范。

对于医学期刊而言，数据的真实性直接关系到研究结论的可靠性以及临床应用的安全性。在新冠疫情这样的全球公共卫生事件中，医学研究成果的准确性和可靠性尤为重要。《柳叶刀》作为权威医学期刊，发表这样一篇数据存疑的论文，不仅误导了医学研究方向，也给公众的健康带来了潜在风险。许多国家和地区在看到该论文后，曾考虑将氯喹和羟氯喹作为治疗新冠的药物，若不是后续的质疑和撤稿，可能会导致严重的后果。这一事件严重损害了《柳叶刀》的权威性和公信力，使其在全球医学科研人员和公众心中的形象大打折扣。此后，该杂志的投稿量有所下降，部分科研人员对其审稿标准产生了怀疑，广告商也对其投放广告持谨慎态度。

此次事件也提醒医学期刊在发表论文时，必须严格把控数据质量，加强对论文的审核和验证。同时，对于外界的质疑，要保持开放和透明的态度，积极回应，及时纠正错误，以维护期刊的声誉和公信力。

（三）《德国应用化学》：内容不当引发的形象崩塌

《德国应用化学》是德国顶级化学学术期刊，在国际化学领域具有重要的影响力。它以发表高质量的化学研究论文而著称，凭借其严格的审稿标准和对化学前沿研究的关注，吸引了全球众多化学领域的顶尖科研人员投稿。其发表的论文在推动化学学科发展、促进学术交流方面发挥了重要作用。

然而，在 2020 年 6 月，一篇充斥着性别和种族歧视色彩的论文，让这本期刊陷入了前所未有的危机。这篇论文在内容中包含了对特定性别和种族的不当言论和歧视观点，严重违背了学术道德和社会公序良俗。论文发表后，立即引发了学术界的公愤，44 名编委中有 16 人愤然辞职，以表达对期刊的不满和抗议。众多科研人员在社交媒体上对该期刊进行了批评，要求期刊管理层对此事做出严肃处理。

这一事件严重损害了《德国应用化学》的形象和公信力。在追求学术卓越的道路上，期刊不仅要关注论文的学术质量，还要高度重视内容的价值观导向。学术期刊作为知识传播的重要平台，应该倡导公平、公正、包容的价值观，促进学术交流与合作。而发表这样一篇充满歧视色彩的论文，无疑是对学术精神的亵渎，也损害了期刊在学术界和社会舆论中的良好形象。此后，该期刊的投稿量受到影响，部分科研人员表示在该期刊解决价值观问题之前，不会再投稿。广告商也对其合作意愿降低，认为与这样的期刊合作会损害自身品牌形象。

此次事件给期刊从业者敲响了警钟，在论文审核过程中，不仅要关注学术内容，还要对论文的价值观进行严格把关，避免因不当内容引发社会争议，损害期刊的声誉和形象。

（四）*Theranostics*：学术质量与认可度隐忧

Theranostics 是澳大利亚生物医学类期刊，其影响因子高达 8.579 分，在 JCR（期刊引用报告）和中国科学院分区中均处于一区，从这些数据来看，它应当是一本具有较高学术水平的期刊。然而，2020 年 11 月，它却被中山大

学附属第一医院列入不予经费支持与鼓励的期刊名单，这一现象背后反映出该期刊在学术质量、同行认可度或运营管理等方面可能存在不容忽视的问题。

影响因子虽然是衡量期刊学术影响力的重要指标之一，但并不能完全代表期刊的学术质量和水平。*Theranostics* 可能在论文的选题、研究方法、数据处理等方面存在一些问题，导致其学术质量受到质疑。例如，部分论文的研究内容可能缺乏创新性和实用性，只是对已有研究的简单重复或扩展；研究方法可能不够严谨科学，无法保证研究结果的可靠性和有效性。有学者指出，该期刊发表的一些论文在实验设计上存在缺陷，样本量过小，无法得出具有普遍意义的结论。

同行认可度也是期刊发展的重要因素。期刊如果在学术界得不到同行的认可和尊重，即使影响因子较高，也难以吸引到高质量的稿件和优秀的科研人员。*Theranostics* 可能在与同行的交流与合作方面存在不足，未能积极参与国际学术交流活动，展示期刊的优势和特色，导致其在同行中的知名度和认可度较低。在国际学术会议上，很少有学者提及该期刊，其在学术界的存在感较低。

此外，期刊的运营管理也可能存在问题。例如，在论文审核流程上可能不够规范和透明，存在审核周期过长、审核标准不统一等问题；在与作者的沟通和服务方面可能不够到位，导致作者对期刊的满意度较低。有作者反映，投稿后长时间没有收到审核反馈，询问编辑部也得不到明确答复，这使得作者对期刊的印象大打折扣。这些问题都可能影响期刊的发展，降低其在学术界的声誉和地位。

（五）*European Review for Medical and Pharmacological Sciences*：论文质量与审核机制遭质疑

European Review for Medical and Pharmacological Sciences 在中国科学院

《国际期刊预警名单（试行）》的 26 本医学杂志中位居高危榜首，且近期撤稿 162 篇国人学者的文章，这一系列事件引发了学术界对其论文质量和审核机制的强烈质疑。

期刊的论文质量和审核机制是保障其学术水平的关键防线。频繁撤稿和被列入预警名单，充分暴露了该期刊在论文质量把控和审核机制方面存在严重漏洞。在论文审核过程中，可能未能对论文的研究方法、数据真实性、结论可靠性等方面进行严格把关，导致一些存在问题的论文得以发表。例如，部分论文可能存在数据造假、抄袭剽窃等学术不端行为，或者研究方法存在缺陷，无法得出可靠的研究结论。经调查发现，一些撤稿论文存在数据篡改的情况，审核过程中却未能发现。

同时，期刊的审核机制可能存在不规范、不透明的问题。审核流程可能过于简单，缺乏多轮审核和同行评议环节；审核标准可能不够明确和严格，导致审核结果存在主观性和随意性。有作者反映，自己的论文在没有经过严格同行评审的情况下就被录用，而一些质量更高的论文却被无端拒稿。此外，期刊在发现论文存在问题后，未能及时采取有效的处理措施，如及时撤稿、公开道歉、追究责任等，也进一步损害了其在学术界的可信度。撤稿后，期刊没有对撤稿原因进行详细说明，也没有对相关责任人进行处理，这使得学术界对其信任度大幅下降。

三、案例分析与启示

1. 精准定位与市场适配

在竞争激烈的期刊市场中，想要脱颖而出，期刊的首要任务便是深入且全面地进行市场调研。这需要综合运用多种调研手段，问卷调查能够大规模收集目标受众的基本信息、消费习惯以及对期刊内容的期望；用户访谈则可以深入了解他们的真实想法、潜在需求和意见建议；数据分析则借助大数据技术，精准把握市场趋势和用户行为特征。通过这些方式，期刊能够精准定位目标受众，全面考量市场需求的多样性、快速变化的趋势以及复杂的竞争态势。

以《新人消费指南》为例，该期刊在定位时，没有充分运用科学的调研方法，导致未能准确把握新人这一消费群体的实际需求和独特消费偏好。比如新人在筹备婚礼阶段，对婚宴酒店的特色服务、婚纱摄影的风格创新、蜜月旅行的小众目的地等内容关注度极高，但期刊提供的内容与之存在偏差，无法有效吸引目标受众的注意力和兴趣。此外，期刊运营模式存在短板，推广渠道局限于传统线下活动和少量线上平台，难以覆盖更广泛的潜在读者；内容更新周期过长，无法满足新人追求新鲜潮流资讯的需求；与读者互动匮乏，不能及时获取反馈并调整内容，这些因素共同作用，使得期刊逐渐被市场淘汰，最终停摆。这表明，找准定位仅仅是期刊发展的开端，构建一套与之高度适配的运营体系才是关键。从内容策划时紧密围绕目标受众的兴趣点和需求，到推广营销中采用多元化的渠道精准触达读者，再到提供优质的用户服务以增强读者黏性，各个环节都要以目标受众为核心，持续优化运营策略，才能保障期刊的长期稳定发展。

2. 投资运营与风险应对

合理规划投资与运营策略对期刊的生存和发展至关重要。在投资方面，期刊运营方需要科学分配人力、物力和财力资源。人力上，招聘和培养具备专业知识、创新思维和市场洞察力的编辑、运营和营销团队；物力上，配备先进的采编设备和技术工具，提升内容生产效率和质量；财力上，合理安排资金用于内容创作、推广宣传、技术研发等关键环节，确保资源得到高效利用。运营策略则需综合考虑市场动态、读者反馈、行业发展趋势等多方面因素。

《北方商情—楼市沈阳》的失败，根源在于投资运营策略与市场实际情况严重脱节。当房地产市场出现波动，如政策调控导致房价起伏、市场供需关系变化等，以及宏观经济环境变化，如经济增速放缓影响购房者购买力时，该期刊未能及时有效地调整策略。比如在内容方面，没有及时深入分析市场变化对购房者需求的影响，仍然延续以往的报道思路；在定价策略上，没有根据市场情况灵活调整价格，导致期刊性价比降低；发行渠道也较为单一，没有及时拓展线上渠道和新兴媒体平台。这警示期刊运营方，必须具备敏锐的市场洞察力，时刻关注市场动态和行业趋势，提前制订多种应急预案。当市场环境发生变化时，能够迅速做出反应，灵活调整内容方向，聚焦市场热点和读者需求；优化定价策略，提高期刊的性价比和竞争力；拓展发行渠道，扩大期刊的覆盖面和影响力，以此规避风险，维持期刊的稳定运营。

3. 内容质量与学术操守

内容永远是期刊的核心竞争力，对于学术期刊而言，坚守学术诚信与操守更是重中之重，是其生存和发展的生命线。把控内容质量时，要从多个维度进行全方位考量。选题的新颖性至关重要，它决定了期刊是否能够吸引学术界的关注，引领学术研究的前沿方向；研究的科学性要求研究方法严谨、数据真实可靠、实验可重复；论证的严谨性则确保观点的阐述有理有据，逻辑严密。

《写真地理》曾发表“熟鸡蛋返生孵小鸡”这样违背科学常识的文章，严重挑战了科学的底线，引发社会各界广泛质疑，极大地损害了期刊的声誉。*Tumor Biology* 因学术造假事件，大量论文被撤销，使得其在学术界的公信力急剧下降，多年积累的声誉毁于一旦。*Theranostics*、*European Review for Medical and Pharmacological Sciences* 也因论文质量良莠不齐、审核机制存在严重漏洞等问题，饱受学术界和读者的诟病。为避免此类情况发生，期刊应建立严格且科学的内容审核机制。引入多轮专家评审，邀请不同领域的权威专家从专业角度对稿件进行评估；加强对稿件的学术不端检测，运用专业的检测软件，如 CrossCheck、Turnitin 等，对每一篇投稿进行细致筛查，不放过任何学术不端行为的蛛丝马迹，确保发表内容真实、可靠、有价值，维护期刊在学术界的良好形象。

4. 数据真实性与公信力维护

对于涉及数据的期刊，数据真实性是其立足之本，也是维护期刊公信力的关键所在。在数据的收集环节，要确保数据来源的可靠性，选择权威的数据库、调研机构或实验平台获取数据；整理过程中，要对数据进行严格的清洗和分类，去除无效数据和错误数据；分析时，采用科学合理的统计方法和数据分析模型，确保分析结果的准确性和客观性；呈现数据时，要以清晰、直观的方式展示，避免数据的歪曲和误导。

《柳叶刀》作为国际知名医学期刊，曾因部分研究数据真实性存疑，引发全球医学界的信任危机。这一事件使得大量读者对其发表的研究成果产生怀疑，严重损害了期刊多年积累的品牌声誉。这深刻提醒期刊，在发表涉及数据的文章时，要对数据进行反复核实与验证。不仅要检查数据的计算过程和统计方法，还要对数据来源进行追溯和确认。同时，可以邀请独立第三方进行数据审计，借助专业机构的力量确保数据的准确性和可靠性，避免因数据问题失去读者的信任，维护期刊的公信力和权威性。

5. 内容合规与形象塑造

期刊内容必须严格符合法律法规、道德规范以及行业准则，这是期刊运营不可逾越的基本底线。任何不当内容，无论是违反法律法规的敏感信息，还是违背公序良俗的低俗内容，都可能给期刊带来毁灭性的负面影响。在内容策划阶段，编辑团队要树立正确的价值观和导向意识，避免策划存在争议或违规风险的选题；审核过程中，要加强对内容的合规性审查，建立多层级的审核机制，确保每一篇稿件都经过严格审核。

《德国应用化学》曾因发表内容不当的文章，引发行业内外的强烈批评，导致其形象严重崩塌。这表明期刊在内容生产的各个环节都要时刻保持警惕。积极传播积极、正面、合规的内容，不仅能够树立良好的品牌形象，还能赢得社会各界的认可与尊重。例如，在报道科研成果时，注重成果的创新性和实用性，以及对社会和环境的积极影响；在科普文章中，传递科学知识的同时，弘扬科学精神和人文关怀。通过这些方式，提升期刊在行业内的影响力和社会认可度，为期刊的长期发展奠定坚实的基础。

第七章

未来展望与建议

在数字化时代，期刊商业模式正面临着前所未有的挑战与机遇。随着互联网技术的飞速发展，传统的纸质期刊正逐渐向电子化、网络化转型。本章深入探讨期刊商业模式的未来发展趋势，并在此基础上提出一系列具有前瞻性的建议。

第一节　期刊商业模式的未来展望

在信息传播方式日新月异的当代社会，期刊作为知识传播与思想交流的重要载体，正站在时代变革的十字路口。互联网技术的飞速发展、读者阅读习惯的转变及新兴技术的不断涌现，共同构成了期刊行业发展的全新语境。这不仅是挑战，更是前所未有的机遇，期刊商业模式正经历着深刻变革。从数字化转型的浪潮，到内容创新的持续探索，从强化读者互动的实践，到大数据与人工智能技术的深度应用，期刊行业将面临全方位的调整与重塑，以适应时代发展的需求，在新的市场环境中谋求可持续发展。

一、数字化转型重塑期刊商业模式

在科技日新月异的当下，数字化浪潮正以前所未有的速度席卷全球，期刊商业模式的未来与这一进程深度交融，难解难分。电子期刊作为数字化转型的先锋力量，凭借其得天独厚的传播优势，正逐步在知识传播领域占据关键地位。以国际顶级科学期刊《科学》为例，其电子版不仅完整涵盖了纸质版的所有内容，还借助先进的多媒体技术，融入了大量生动的视频演示，直观展示复杂的科学实验过程；3D 模型展示则让抽象的科学概念变得直观清晰，比如在介绍分子结构、天体演化等内容时，读者能通过 3D

模型全方位观察，极大提升了科研成果的展示效果。如今，读者只需轻点鼠标、滑动屏幕，利用电脑、平板或手机等便携设备，就能跨越时空界限，在第一时间获取全球最新的科研动态，彻底打破传统纸质期刊在时间和空间上的束缚。

开放获取模式在全球学术交流的舞台上也正蓬勃发展，成为推动学术进步的重要力量。这种创新模式彻底打破了传统学术出版的付费阅读壁垒，让科研成果得以在全球范围内自由传播，极大地促进了学术交流与合作。以 PLoS 系列期刊为典型代表，该系列旗下的所有期刊均采用开放获取模式，文章一经发表，便立即免费向全球读者开放，供大家阅读、下载和引用。这一举措使得科研成果的可见性和影响力呈指数级增长。据权威学术数据统计机构研究表明，开放获取期刊的文章平均被引用次数相较于传统订阅期刊高出约 20%。这一数据有力地证明了开放获取模式在学术传播中的巨大优势，不仅加速了科研成果的传播速度，还促进了不同国家、不同科研团队之间的思想碰撞与合作创新。

移动阅读的兴起更是深刻改变了读者的阅读习惯，重塑了期刊的传播生态。随着智能手机和平板电脑的广泛普及，人们的阅读场景变得更加碎片化，随时随地获取信息成为新的阅读需求。为顺应这一趋势，众多期刊纷纷推出专门的移动应用程序，在页面布局和阅读体验上进行了深度优化。以知名财经期刊《经济学人》的移动应用为例，其采用简洁直观的界面设计，操作便捷流畅；支持离线阅读功能，让读者在没有网络的环境下也能继续阅读感兴趣的内容；个性化推送功能则依据读者的阅读偏好和浏览历史，精准推送相关的经济分析文章、行业动态报道等，让读者在碎片时间里也能轻松观察全球经济的变化。

这些新兴形式的涌现，对期刊出版商提出了全新的挑战和要求。在内容制作方面，出版商需要投入更多的技术资源和专业人力，以实现内容在不同平台上的无缝适配，以及文字、图片、音频、视频等多媒体元素的有机融合。例如，为了在移动端呈现最佳的阅读效果，需要对内容进行重新排版和格式优化；制作多媒体内容时，还需配备专业的视频剪辑团队、音频制作团队等。在盈利模式上，传统的订阅收入可能会因数字化转型而减少。因此，期刊出版商必须积极探索新的盈利途径。广告投放成为重要的盈利来源之一，通过精准的用户画像和数据分析，将合适的广告推送给目标读者；会员制度也是一种可行的方式，为会员提供专属的内容、服务和优惠，增强用户黏性；增值服务如在线课程、专业咨询等，也能满足读者更深层次的需求，发现新的收入增长点。

二、内容创新与质量提升是核心竞争力

在信息爆炸的时代，每天都有海量的信息如潮水般涌来，读者的注意力变得愈发稀缺。在这样的环境下，内容的创新和质量的提升无疑成为期刊商业模式成功的核心要素。只有那些能够提供高质量、有深度内容的期刊，才能在激烈的市场竞争中崭露头角，吸引读者和研究者的目光。

以学术期刊为例，紧跟时代步伐，不断探索新的研究领域和创新内容形式显得尤为重要。随着人工智能、区块链、量子计算等新兴技术的迅猛发展，相关领域的学术期刊迅速做出反应，积极发表一系列具有前瞻性的研究成果。以《自然》杂志在人工智能领域的探索为例，它不仅聚焦于深度学习算法创新、神经网络架构优化等基础研究领域，发表了多篇具有里程碑意义的论文，为该领域的理论发展奠定了基础；还密切关注人工智能在医疗、交通、金融等多个行业的实际应用案例分析，通过深入调研和实践总结，为科研人员提供了从理论到实践的全面研究视角。比如，在医疗领域，《自然》杂志发表的关于人工智能辅助疾病诊断

的研究成果，详细阐述了人工智能算法如何通过分析医学影像数据，帮助医生更准确、更快速地诊断疾病，为医疗行业的发展提供新的思路和方法。

同时，为了满足读者日益多样化的需求，期刊也在不断创新内容形式。除了传统的学术论文、研究报告等形式外，专题综述、观点评论、研究快报等新型内容形式应运而生。专题综述能够对某一领域的研究成果进行系统梳理和全面总结，帮助读者快速构建起该领域的知识框架，了解研究的来龙去脉和发展趋势。例如，在新能源领域的专题综述中，会涵盖从太阳能、风能、水能等各类新能源的原理、技术发展到应用现状和未来展望等全方位的内容。观点评论则为学者们提供了一个表达独到见解的平台，鼓励不同学术观点的碰撞与交流，激发学术创新的活力。在一些热点学术问题的讨论中，学者们通过观点评论文章各抒己见，引发广泛的学术讨论和研究热潮。研究快报则以其快速发布最新研究发现的特点，让科研人员能够在第一时间分享自己的研究成果，抢占学术先机，促进学术研究的快速发展。

为了确保内容质量，期刊出版商需要建立一套严格且科学的审稿制度和质量控制体系。在审稿环节，邀请领域内的权威专家进行双盲评审是常见的做法。专家们会从研究方法的科学性、数据的可靠性、结论的合理性等多个维度对稿件进行全面评估。比如，在评估一篇关于药物研发的论文时，专家会仔细审查实验设计是否合理、样本选取是否具有代表性、数据统计分析是否准确等。同时，加强对编辑团队的培训也是提升内容质量的关键。定期组织编辑参加专业培训课程，学习最新的学术规范、行业动态和编辑技巧，提高编辑的专业素养和内容筛选能力，确保每一篇发表的文章都具有较高的学术价值和可读性。

三、强化读者互动与社区建设

期刊商业模式的未来发展将更加注重与读者的互动和社区建设。通过社交媒体、在线论坛和读者俱乐部等多元化渠道，期刊能够与读者建立起更为紧密、深入的联系，从而有效提升读者的黏性和参与度。

社交媒体平台作为当下最具活力和影响力的传播渠道之一，为期刊与读者之间搭建了一座即时沟通的桥梁。许多期刊纷纷在微信公众号、微博等热门社交媒体平台上开设官方账号，定期发布期刊的最新内容、学术动态和行业资讯。读者可以通过点赞、评论、转发等方式与期刊进行互动，分享自己的阅读感受、见解和疑问。以《哈佛商业评论》的微信公众号为例，其经常发布一些关于商业管理的深度文章，涉及企业战略规划、市场营销策略、组织变革等热门话题。这些文章往往能够引发读者的热烈讨论，许多读者在评论区分享自己在企业管理中的实际经验和困惑，形成了一个活跃的商业交流社区。期刊编辑也会积极参与讨论，回复读者的问题，进一步增强与读者的互动和联系。

在线论坛则为读者提供了一个更为专业、深入的交流空间。在一些学术期刊的在线论坛上，研究者们可以围绕某一具体的研究问题展开深入探讨，分享自己的研究思路、实验数据和研究心得。在生物医学领域的期刊论坛上，科研人员可以交流最新的实验技术，如基因编辑技术、单细胞测序技术等；分享最新的研究成果，讨论研究中遇到的问题和解决方案；还可以交流临床案例，探讨疾病的诊断和治疗方法。这种深入的交流不仅促进了学术合作和创新，还为期刊的内容创作提供了丰富的素材和灵感。

读者俱乐部作为一种更为紧密的互动形式，能够为会员提供一系列专属的服务和福利。一些高端时尚期刊的读者俱乐部，会定期举办线下时尚活动，如新品发布会、时尚讲座、会员派对等。在新品发布会上，读者可以第一时间了解到时尚品牌的最新设计和流行趋势；时尚讲座则邀请知名设计师、时尚评论家等分享时尚行业的发展动态和设计理念；会员派对为读者提供一个社交平台，让他们有机会近距离接触时尚界人士，感受时尚潮流的魅力。同时，会员还可以提前获取期刊的最新内容、参与独家的线上活动，如线上时尚摄影比赛、时尚搭配评选等，这些专属服务和活动极大地增强了读者对期刊的归属感和黏性。

这种与读者的互动不仅有助于期刊品牌的推广，通过读者的口碑传播，吸引更多潜在读者关注；还能为期刊带来宝贵的读者反馈和市场信息。期刊可以根据读者的反馈，及时调整内容策略和运营方向，优化内容选题、改进排版设计、提升服务质量，更好地满足读者需求，实现期刊的可持续发展。

四、大数据与人工智能优化期刊运营

期刊商业模式的未来展望还应充分考虑如何利用大数据和人工智能技术来优化运营，提升效率和竞争力。这两项前沿技术正逐渐渗透到期刊运营的各个环节，为期刊行业带来了前所未有的变革和发展机遇。

通过分析读者行为数据，期刊出版商可以深入了解读者偏好，实现精准运营。例如，通过追踪读者在期刊网站或移动应用上的阅读行为，包括阅读时长、文章点击量、搜索关键词、阅读时间分布等多维度数据，期刊能够精准把握读者的兴趣点和需求。某科普期刊通过数据分析发现，读者在晚上 8 点至 10 点之间对宇宙探索类文章的阅读量最高，且搜索关键词集中在“黑洞”“星系演化”等方面。基于这一发现，期刊调整了内容推送策略，在这个时间段重点推送宇宙探索类文章，并优化文章标题和摘要，采用更具吸引力的表述，如“揭开黑洞神秘面纱：最新研究成果震撼来袭”，吸引读者点击阅读。同时，根据读者的阅读历史和偏好，利用推荐算法为读者提供个性化的内容推荐。比如，对于经常阅读生物学相关文章的读者，推荐最新的生物进化研究、基因技术突破等内容，提高读者的阅读体验和满意度。

人工智能技术在期刊编辑和审稿过程中也发挥着重要作用，显著提升了工作效率和质量。在编辑环节，人工智能可以辅助编辑进行稿件筛选和分类。通过自然语言处理技术对稿件的主题、关键词进行分析，快速判断稿件是否符合期刊的定位和要求。例如，当收到一篇投稿时，人工智能系统能够在短时间内分析出文章的主题领域、核心观点和创新点，与期刊的栏目设置和选题方向进行匹配，帮助编辑快速筛选出有潜力的稿件。在审稿环节，人工智能可以帮助审稿人快速检索相关文献，提供参考文献推荐和相似文献比对。利用知识图谱和语义检索技术，人工智能系统能够从海量的学术文献中找到与投稿相关的参考文献，为审稿人提供全面的背景信息；同时，通过相似文献比对，能够检测出投稿中是否存在抄袭、重复发表等问题，提高审稿效率和准确性。例如，某学术期刊采用人工智能审稿系统后，审稿周期平均缩短了 15 天，同时减少了人为因素导致的审稿偏差，提高了审稿质量，使得期刊能够更快地发表高质量的研究成果。

此外，人工智能还可以用于期刊的排版设计、内容翻译等工作，降低运营成本，提高工作效率。通过自动化的排版工具，能够快速生成符合期刊风格的排版格式，减少人工排版的时间和成本。利用机器翻译技术，可以将期刊内容翻译成多种语言，扩大期刊的国际影响力。虽然目前机器翻译在语言的准确性和流畅性上还存在一定的局限性，但随着技术的不断进步，其翻译质量也在逐步提高。一些期刊已经开始尝试机器翻译与人工校对相结合的方式，既能提高翻译效率，又能保证翻译质量，让更多的国际读者了解和阅读期刊内容。

综上所述，期刊商业模式在未来面临着数字化转型、内容创新、读者互动和技术应用等多方面的机遇与挑战。期刊行业需要积极拥抱变化，充分利用新技术、新渠道，不断创新商业模式，提升内容质量和服务水平，以实现可持续发展。在这个充满变革的时代，只有那些能够敏锐捕捉市场变化、勇于创新的期刊，才能在激烈的市场竞争中立于不败之地，为读者和社会创造更大的价值。

第二节　创新策略与可持续发展建议

随着时代的变迁和技术的不断进步，基于对未来展望和趋势的分析，我们应当积极地拥抱变革，并以创新的思维来引领发展，这样才能确保我们始终处于不败之地。正如《管子 · 正世》中所倡导的“与时变，与俗化”，我们必须适应时代的发展，保持进取的心态，持续进行革新，以实现期刊健康和长期的发展。

一、定制内容，技术创新

在信息爆炸的当下，读者的阅读偏好愈发多样，对内容的需求呈现出多元化、专业化与个性化的显著趋势。在这样激烈的市场竞争环境中，期刊若想脱颖而出，深度内容定制与技术创新就成为关键所在。

（一）深度内容定制

期刊应致力于为各个行业领域和不同兴趣圈层的读者提供高度专业化的细分内容。深入研究每个特定领域的需求，精心策划和制作丰富多样的文章和资讯，满足专业人士和爱好者对于深度知识和最新动态的渴望。无论是科技、教育、艺术还是其他任何领域，期刊的内容都应经过精心挑选和编辑，确保为读者带来最前沿、最精准的信息和分析。

1. 期刊领域细分

在当今学术界，期刊领域的细分发挥着至关重要的作用，它帮助研究者和学者们更精确地定位并专注于他们特定研究领域的最新动态和发展趋势。通过将广泛的学术领域细分为更具体、更专业的子领域，期刊能够提供更加深入和专注的内容，从而推动知识的积累和传播。以科技领域为例，随着芯片制程工艺不断向 5 纳米甚至 3 纳米的精度迈进，专注于人工智能芯片研发的期刊，能够为半导体行业从业者提供极具创新性的芯片架构设计理念。例如，通过详细介绍先进的 FinFET（鳍式场效应晶体管）技术，深入讲解如何优化电路布局，从而在有限的芯片面积内集成更多晶体管，有效提升芯片的计算能力。同时，还会积极探讨改进散热技术的方法，比如采用新型散热材料和独特的散热结构，以解决芯片在高速运算时产生的高热量问题，确保芯片性能的稳定可靠。此外，深入分析芯片在人工智能算法加速中的独特应用，例如利用特定芯片架构实现神经网络模型的高效运行，助力从业者在科研项目和产品研发中取得突破性进展。再如，聚焦量子通信应用的期刊，会为通信行业从业者带来量子密钥分发在金融安全通信中的实际应用案例。详细阐述量子密钥分发的原理、实施过程以及在保障金融信息安全方面的显著优势，比如抵御黑客攻击，确保金融交易数据的绝对安全。同时，介绍量子隐形传态在长距离通信实验中的最新进展，推动量子通信理论与实际应用的深度融合，为通信行业的发展注入新的活力。

2. 读者行为分析

期刊平台如能利用先进的数据收集系统，全方位、精细化地记录读者的阅读行为，就能更深入地洞察读者需求，从而为单个读者提供更贴心、更精准的服务。以一位热爱历史文化的读者为例，系统会像一位尽职的阅读管家，详细记录其浏览古代史、考古发现、文化传承等相关文章的情况。通过对阅读时长的深度分析，能精准判断读者对不同类型文章的兴趣程度。比如，若读者阅读一篇通俗易懂的历史故事花费的时间较短，且反复阅读次数较多，可能意味着他更享受这种轻松的阅读体验；若读者对一篇严谨的学术研究论文阅读时间长，还会仔细查阅相关资料，那就表明他对深度知识的渴望。

依据浏览频率和阅读时段，期刊平台能挖掘出更多有价值的信息。倘若发现大量读者在周末晚间集中阅读休闲娱乐内容，期刊便可及时调整推送策略。在周末晚间，推送一些趣味性强的历史文化短视频、轻松的历史趣闻音频，或者是带有精美插图的历史故事图文内容，满足读者在休闲时光放松身心的需求。同时，对于那些在工作日利用碎片时间阅读的读者，推送一些简短精悍的历史文化知识点总结，方便他们在短暂的闲暇里获取知识。通过这样的精准推送，期刊不仅能提升读者的阅读满意度，还能增强读者与期刊之间的黏性，让期刊在竞争激烈的市场中脱颖而出。

3. 用户画像构建

基于获取到的详尽数据，运用复杂且先进的算法为每位读者构建独一无二的用户画像。如此一来，读者在选择期刊内容时，就如同在庞大的数字图书馆中精准定位心仪书籍一般便捷，能够在文学期刊中迅速找到科幻文学板块，尽情沉浸在充满想象力的宇宙世界，或是在古典诗词板块品味古人的智慧与情感。期刊则依据读者的选择，在海量内容中筛选出最契合读者口味的文章进行推送。这种定制化服务极大地提升了读者的阅读体验，让他们在信息的海洋中不再迷茫，快速获取所需知识，自然而然地增强了对期刊的忠诚度。精准的用户画像还为广告投放提供了精准靶心，广告商能够根据期刊提供的细分受众信息，针对不同兴趣群体投放个性化广告，例如为关注科技的读者推送最新的电子产品广告，通过精准定位和创意内容制作，大幅提高广告效果和转化率。

（二）技术创新驱动

新兴技术正以迅猛之势重塑期刊行业，从内容创作的源头，到传播的路径，再到读者的阅读体验，每一个环节都受到了深刻影响。

1. 人工智能赋能

人工智能在内容创作与编辑流程中发挥着关键作用。在文献检索环节，面对浩如烟海的学术数据库，人工智能凭借强大的算力和智能算法，能够在瞬间检索出最相关的研究资料。以医学期刊的内容创作举例，当作者研究某种罕见病的治疗方案时，人工智能可以迅速筛选出全球范围内关于该疾病的最新研究成果、临床试验数据，节省作者查阅大量资料的时间。在数据整理方面，人工智能可以对复杂的实验数据、调研数据进行分类归纳，通过可视化技术，将枯燥的数据转化为直观的图表、图形，比如将医学实验中的各项指标数据转化为折线图、柱状图等，让研究结果一目了然。更为重要的是，人工智能还能基于已有内容进行深度分析，生成创意性的观点和分析。在经济领域，根据多年的历史经济数据、当下的市场动态，如消费市场的新趋势、金融政策的调整方向，人工智能可以为作者提供关于未来经济走势的预测性观点，像对新兴消费模式下市场潜力的分析，助力期刊内容保持创新性和前瞻性。

2. 语言壁垒突破

自然语言处理技术的飞速发展，为期刊内容打破语言壁垒搭建了坚实的桥梁。期刊借助先进的神经机器翻译算法，能够将优质内容快速且准确地翻译成多种语言。无论是承载东方智慧的中文，充满细腻情感表达的日文，还是在国际商务、学术交流中广泛使用的英文、法文，期刊内容都能精准适配。这使得期刊内容能够跨越千山万水，触达全球各个角落的读者，促进不同文化背景下的知识交流与共享，让全球的思想在这里碰撞交融。

3. 沉浸式阅读体验

虚拟现实（VR）和增强现实（AR）技术为读者带来了阅读革命。戴上 VR 设备，读者仿佛拥有了一台时光机，能穿越到硝烟弥漫的古代战场，亲身体验金戈铁马的震撼；或是置身于重大历史变革的关键节点，感受时代的风云变幻。在科学实验场景中，读者能近距离观察微观世界的奥秘，如化学实验中分子间奇妙的化学反应，物理实验中微观粒子的高速运动轨迹，这种沉浸式体验让知识不再是书本上枯燥的文字，而是生动鲜活的经历。AR 技术同样大放异彩，当读者用手机扫描地理期刊上的山脉图片时，在手机屏幕上瞬间呈现出山脉的三维立体模型，山脉的地质构造演变过程以动画形式徐徐展开，周边生态环境的详细介绍也一一呈现，极大地丰富了阅读的趣味性和互动性，让读者在探索知识的过程中充满惊喜。

4. 版权安全保障

区块链技术为期刊内容的版权归属和传播安全筑牢了防线。每一篇期刊文章在区块链上都被赋予唯一的数字身份标识，就如同每个人的身份证一般独一无二。从作者创作的第一行字开始，到修改完善、最终发表传播，全过程都被记录在不可篡改的分布式账本中。这不仅为内容创作者提供了坚如磐石的权益保护，使其创作成果不被侵权盗用，还能在内容传播过程中，让读者和合作伙伴准确追溯内容的来源和版权信息，维护了期刊内容传播的健康生态，保障了各方的合法权益。

二、跨界合作，品牌深挖

在当前快速发展的市场环境中，期刊行业面临着前所未有的挑战和机遇。为了适应这种变化，期刊业必须打破传统的行业界限，积极探索与其他行业的深度合作机会。通过这种跨界合作，不仅可以实现资源共享，还能相互借鉴各自领域的优势，从而深度挖掘和全面提升品牌价值。这种战略性的合作模式，已经成为期刊未来发展的重要方向，有助于期刊在激烈的市场竞争中脱颖而出，实现可持续发展。

（一）跨界合作拓展

1. 与教育机构合作

通过与教育机构合作，期刊丰富的专业知识资源将得到全方位的挖掘与转化。以财经期刊为例，与专业金融培训机构联合推出的金融投资实战课程，课程内容精心融合了期刊中对金融市场的深度分析、投资策略的专业解读，以及市场上最新的实战案例。例如，对某知名企业融资上市过程的详细剖析，从企业的财务状况分析，包括资产负债表、利润表、现金流量表的精准解读，到上市时机的选择，充分考虑市场行情、行业竞争等因素，再到上市后的市场表现跟踪，深入分析股价走势、市值变化等；热门股票的投资操作技巧讲解，包括如何从公司的业绩、行业地位等方面分析股票的基本面，以及 K 线图、均线等技术指标的分析，还有在不同市场行情下的买卖策略。这种理论与实践紧密结合的课程，能为学员提供实用的金融知识和技能，帮助他们在金融领域实现职业晋升，也为期刊开拓新的业务领域。

2. 与影视、游戏行业合作

与影视、游戏行业合作，将期刊优质内容的传播推向新高度，实现商业价值的最大化。科幻期刊凭借丰富的科幻小说资源，与影视公司携手，将经典科幻小说搬上大银幕或小荧屏。像《三体》影视改编项目，凭借其宏大的宇宙观、精彩的剧情，引发全球观众的广泛关注，不仅让期刊的知名度呈指数级增长，还通过版权合作获得了丰厚的经济回报。历史文化期刊则与游戏开发商合作，以历史故事为蓝本开发沉浸式历史文化体验游戏。玩家在游戏中可以扮演历史人物，模拟历史现场，如古代著名的战争，知名的文化事件，通过互动式的体验深入了解历史文化，期刊也借此拓展了内容的传播渠道，实现了内容价值的多元变现。

3. 与电商平台合作

与电商平台合作开启了内容电商的全新篇章。根据期刊内容推荐相关产品，实现了内容与消费的无缝对接。时尚期刊在介绍当季流行服饰时，同步推荐相关的服装品牌和购买链接，让读者能一键购买心仪的时尚单品；美食期刊在分享美食制作方法时，推荐所需的食材、厨具等，让读者在阅读美食文章的同时，轻松准备好烹饪所需材料。期刊通过与电商平台的合作，按照产品销售分成获取收益，实现了内容价值的商业转化，形成了内容创作、传播与消费的良性循环。

（二）品牌价值深挖

在竞争激烈的学术出版领域，学术期刊若想提升自身在专业领域内的影响力和话语权，举办一系列高端的学术会议和行业论坛是至关重要的策略。这不仅是学术思想交流的平台，更是期刊品牌价值塑造与传播的关键渠道。

以一些世界知名的学术期刊为例，它们在筹备年度学术峰会时，投入大量的人力、物力和时间。从前期的策划开始，期刊编辑团队便依托多年积累的广泛学术人脉网络，以及对全球学术动态的敏锐洞察，精心筛选出各个学科领域的领军人物。这些顶尖学者和专家来自不同的国家和地区，涵盖了数学、物理、化学、生物、医学、工程技术等众多学科，他们的研究成果代表着各自领域的前沿水平。

在峰会举办期间，会议流程经过精心设计，以确保学术交流的高效与深入。开场的主题演讲环节，邀请该年度在学术研究中取得重大突破的学者率先分享，引发参会者的广泛关注与思考。例如，在量子计算领域，有学者深入探讨最新的算法突破，详细讲解如何通过优化量子纠错码算法，减少量子比特在运算过程中的错误率，进而提升量子计算机的运算速度和稳定性，为量子计算的实际应用拓展更广阔的空间。在生命科学领域，学者们聚焦基因编辑技术的新应用，分享利用 CRISPR-Cas 系统在攻克遗传性疾病、优化农作物基因提高产量和抗病性等方面的最新研究进展，从基础理论研究到临床试验数据，再到未来应用前景，进行全方位、深层次的剖析。

除了主题演讲，会议还应设置分组讨论、专题研讨等环节，鼓励参会者积极互动交流。在分组讨论中，科研人员和行业从业者们就感兴趣的话题展开热烈讨论，分享各自的研究思路和实践经验，在思维的碰撞中激发新的研究灵感。这些高质量的学术分享和交流活动，可以提升会议的学术水平，吸引全球范围内众多科研人员、高校师生以及行业从业者的广泛关注。

通过组织这样的高端活动，学术期刊在学术界成功树立了权威的形象。众多优秀作者看到期刊在学术交流中的引领作用和广泛影响力，会主动投稿，带来更多高质量的原创研究成果，丰富期刊的内容资源库，进一步提升期刊的学术质量。同时，大量读者也因期刊举办的这些活动，对期刊的认可度大幅提升。无论是科研人员为了获取最新的学术动态，还是高校学生为了拓宽学术视野，都会选择订阅该期刊，使得期刊的订阅量显著增长，进一步扩大期刊在全球学术市场的影响力和市场份额，为期刊在学术领域的持续繁荣发展奠定坚实基础。

三、全球拓展，多元订阅

在当前这个全球化进程日益加快的大环境下，期刊作为知识传播的重要载体，承担着一个非常重要的角色，那就是促进不同国家和文化之间的交流与融合。它们不仅需要积极地拓展全球市场，以覆盖更广泛的读者群体，还要推动订阅模式的多元化发展，以适应不断变化的市场需求和读者的阅读习惯。

（一）全球市场拓展

1. 国际合作

与国外知名期刊建立战略合作伙伴关系，是期刊拓展市场的关键步骤。共同开展内容创作，针对全球性的热点问题和前沿研究领域，联合组建国际采编团队。例如，在应对气候变化研究领域，来自不同国家的采编人员共同收集全球各地的气候数据、应对策略案例，整合各方资源，打造具有全球影响力的专题报道。在发行推广方面，共享发行渠道和营销资源，扩大期刊在国际市场的覆盖面。与国际顶尖学术期刊联合发表跨学科研究成果，借助双方的学术影响力和读者群体，提升期刊的国际学术地位，促进全球科研人员之间的交流与合作，让知识在全球范围内流动。

2. 本土化运营

针对不同国家和地区的文化差异和市场需求，进行本土化运营是成功拓展全球市场的重要策略。在翻译内容时，充分考虑不同文化背景下的语言习惯、文化内涵和价值观差异。将中国传统文学期刊翻译成英文时，对于诗词中的典故、意象等文化元素，进行详细的注释和文化背景介绍。如“举杯邀明月，对影成三人”中的“明月”意象，在英文翻译中不仅翻译字面意思，还解释在中国文化中“明月”所蕴含的思乡、团圆等情感内涵，确保英文读者能够理解和欣赏其中的文化韵味。在推广方面，与当地的学术机构、文化组织合作，开展符合当地文化特色的宣传活动。在欧洲，与当地的图书馆、文化中心合作举办期刊展览和读书分享会，展示期刊中的精彩内容，分享创作背后的故事；在亚洲，与当地的高校、科研院所合作开展学术讲座和研讨会，邀请知名学者解读期刊中的学术成果，提高期刊在国际市场的知名度和市场份额，促进不同文化间的相互理解和交融，让期刊成为全球文化交流的桥梁。

（二）多元订阅模式

在未来的媒体生态中，期刊订阅模式正站在变革的风口浪尖，即将彻底摆脱传统单一形式的桎梏，以蓬勃之势朝着多元化方向迈进。这种转变不仅是顺应时代潮流，更是满足读者日益多样化需求的必然选择。除了延续传统的年度订阅方式，以满足那些钟情于长期稳定获取期刊内容的读者外，还将涌现出一系列丰富多样、极具针对性的订阅套餐，全方位满足不同读者的个性化需求。

1. 按内容主题分类订阅

在信息爆炸的时代，读者对于知识的追求愈发精准和深入。按内容主题分类订阅模式的出现，恰如其分地满足了这一需求。读者从此可以依据自身的兴趣爱好，自由地在汗牛充栋的期刊内容中，选择特定主题的内容进行订阅。以医学领域为例，这一模式为专业人士和医学爱好者提供了极大的便利。心血管病学的研究者，能够精准订阅心血管病学相关的内容，深入了解冠心病、心律失常等疾病的最新研究成果、治疗方案以及临床实践进展；肿瘤学的关注者，可以专注于肿瘤的发病机制、靶向治疗、免疫治疗等前沿动态；神经科学的探索者，能获取关于大脑神经发育、神经系统疾病、神经退行性病变等方面的深度报道。通过这种方式，读者能够精准获取专业知识，避免为不感兴趣的内容付费，真正实现知识获取的高效与精准。许多读者反馈，这种订阅模式让他们能够更专注于自己的研究领域，节省了大量筛选信息的时间，期刊的专业度和实用性也因此得到了极大提升。

2. 限时订阅

限时订阅模式为读者打开了一扇快速获取特定时期热门内容的便捷之门。当某一领域出现重大突破，如物理学领域发现新的基本粒子，或者期刊推出特别策划，如对某一历史事件的周年深度回顾时，读者可通过短期订阅，如一周或一个月，集中获取相关信息。这一模式尤其受到追求前沿资讯的读者欢迎，他们渴望在第一时间掌握最新动态。比如在人工智能领域，当有突破性的算法发布或者重要的行业会议召开时，读者可以通过限时订阅，快速了解新算法的原理、应用场景以及对行业的影响，满足对前沿资讯的迫切需求。对于期刊而言，限时订阅不仅增加了内容的传播广度，还能吸引更多潜在读者的关注，为期刊的品牌推广带来新的契机。不少读者表示，限时订阅让他们能够紧跟时代步伐，不错过任何重要的知识更新，同时也降低了获取信息的成本。

3. 分级订阅模式

分级订阅模式旨在为读者提供差异化的服务体验，满足不同读者的消费能力和需求层次。基础订阅用户能够获取期刊的核心内容，确保他们不错过期刊的精华部分，了解期刊的基本动态和重要研究成果。高级订阅用户则能享受一系列专属特权，如优先获取最新期刊，让他们在第一时间掌握最新知识；参与独家线上研讨会，与行业专家、学者进行直接交流，拓宽学术视野；获得个性化内容推荐，根据自身的阅读偏好和历史记录，获取定制化的内容推送，提升阅读效率和满意度。这种分级模式有效提升了用户黏性，高级订阅用户往往因为这些特权而对期刊产生更强的依赖。从期刊的角度来看，分级订阅模式增加了收入来源，为期刊的持续发展和内容创新提供了更坚实的经济基础。许多期刊通过分级订阅模式，实现了收入的稳步增长，同时也提升了期刊在读者心中的价值和地位。

四、精准营销，内容付费

在数字化浪潮的推动下，大数据和人工智能技术正以前所未有的速度迅猛发展，为期刊行业注入了强大的变革力量，并为精准营销开辟了广阔的新天地。与此同时，知识经济的蓬勃发展也使得内容付费和知识变现顺理成章地成为期刊商业模式中不可或缺的重要组成部分。

（一）精准营销

期刊借助先进的大数据采集与分析技术，全面收集读者在阅读过程中的行为数据。通过埋点技术，精确记录读者的阅读时长，例如一篇科普文章的阅读时长，以及是快速浏览还是深度研读；点击频率的详细统计揭示了读者对不同板块、不同类型文章的兴趣程度，频繁点击表明了浓厚的兴趣；页面跳转路径则暴露了读者的阅读逻辑和探索方向，例如从行业综述跳转到相关案例分析，可以推测出对深入研究的需求。此外，读者的兴趣偏好、地域分布、年龄层次等多维度信息也被整合收集。通过分析读者长期关注的主题标签，精准把握兴趣偏好；利用 IP 定位技术，清晰掌握地域分布；结合注册信息与阅读习惯分析，确定年龄层次。基于这些海量且细致的数据，运用复杂的机器学习算法，构建起栩栩如生、精准无误的用户画像，为每位读者量身定制一份独特的“数字档案”。

1. 精准广告投放

基于精心构建的用户画像，期刊在广告投放领域实现质的飞跃。对于关注健康养生的读者，期刊与知名健康品牌合作，推送针对性的健康产品广告。当读者频繁浏览养生食谱、运动健身类文章时，适时推送营养保健品广告，详细介绍产品成分、功效以及适用人群；根据读者对健身文章的关注热度，推送智能健身器材广告，展示器材的独特功能和便捷性，满足他们追求健康生活的需求。对于喜爱时尚的读者，期刊与时尚品牌紧密联动，推送时尚品牌的新品资讯和优惠活动。在当季新款服装发布会前夕，提前向时尚爱好者推送品牌预告，包括新品亮点、设计灵感；新品上市时，推送专属优惠码，吸引读者购买，实现精准营销，提高广告转化率。

2. 个性化营销活动

期刊深入研究不同地区读者的文化背景和消费习惯，开展极具针对性的个性化营销活动。在经济发达的一线城市，如广州、上海，高端时尚期刊可以举办盛大的线下时尚秀和新品发布会。邀请国际知名模特走秀展示新品，时尚博主现场直播分享穿搭心得，通过社交媒体平台广泛传播，吸引大量时尚爱好者关注，提升期刊品牌知名度和时尚影响力。在文化氛围浓厚的城市，如北京、南京，文学期刊则可开展温馨的读书分享会和作家见面会。选择充满文艺气息的书店或文化场馆作为场地，邀请知名作家分享创作历程、解读经典作品，设置读者互动环节，让读者与作家面对面交流，增强读者与期刊的情感连接和互动黏性。

3. 增值服务开发

期刊凭借对数据的深度洞察，挖掘读者潜在需求，开发一系列新的增值服务。对于长期关注人工智能领域的读者，期刊邀请行业专家撰写深度研究报告，从技术原理、应用场景到市场前景进行全方位剖析；推出专家在线咨询服务，读者可向专家提问，获取专业解答，满足他们对前沿科技知识的深度探索需求。针对金融领域读者，期刊提供实时金融数据分析报告，助力投资决策；开展投资策略咨询服务，根据读者资产状况和投资目标，提供个性化建议，进一步拓展期刊的盈利渠道，提升期刊的商业价值。

（二）内容付费

在知识经济时代，期刊深刻认识到内容质量和独特性的重要性，将深度研究报告、独家访谈、专业评论等优质内容设置为付费阅读。以科技期刊为例，关于量子计算、人工智能等前沿技术的深度分析文章，从技术原理的深入解读，到在各行业应用的详细案例分析，都需要专业的知识和深入的研究，这些内容只有付费用户才能阅读。期刊通过提供高质量的内容，满足读者对专业知识的渴望，也为自身创造了经济收益。

1. 知识变现业务

期刊积极开展知识变现业务，通过举办线上线下培训课程、学术讲座等方式，将知识转化为实际收益。线上培训课程邀请行业内的知名专家和学者，精心录制系统讲解的视频课程。财经期刊举办的“股票投资实战技巧”课程，从股票基础知识，如股票的概念、种类、交易规则，到技术分析方法，如K线图、均线系统、MACD指标的运用，再到实战案例解析，选取真实的股票投资案例，分析买卖时机和策略，为投资者提供全面、系统的学习机会。线下学术讲座则选择大型会议场馆或高校礼堂作为场地，邀请专家现场演讲，设置提问答疑环节，让读者与专家面对面交流，增强学习效果，提升读者的知识水平和实践能力。

2. 数字产品开发

期刊还可以将优质内容进行二次创作，整理成电子书籍、音频课程等数字产品，供读者购买下载，实现知识的多元化变现。将一系列关于历史文化的深度报道整理成电子书籍，配以精美的插图和详细的注释，满足读者对历史文化知识的系统学习需求；将专业的学术讲座录制为音频课程，方便读者在通勤、健身等碎片时间学习，拓宽知识获取渠道，丰富知识传播形式，进一步提升期刊的商业价值和市场竞争力。

五、平台合作，产品衍生

在数字化与知识经济深度融合的时代背景下，未来期刊将彻底突破传统出版模式的局限，积极向平台化方向转型，构建起一个开放包容、多元共生的生态合作体系。这一转型以期刊自身强大的品牌影响力和优质内容为基石，通过开展衍生品开发与授权经营，为期刊开辟出全新的发展格局与盈利空间。

（一）平台化转型

期刊平台的搭建，宛如构建一个充满活力的知识生态星球，汇聚了作者、读者、广告商、合作伙伴等多方资源，在这个生态系统中，各方相互依存、互利共赢，共同推动期刊行业的创新发展。

1. 资源汇聚与互动

(1) 作者

对于作者而言，期刊平台成为他们展示才华的广阔舞台。借助便捷的发布系统，作者能够轻松上传自己的作品，无论是学术论文、专业评论还是文学创作，都能第一时间呈现在全球读者面前。平台还搭建了互动交流的桥梁，作者可以与读者直接对话，接收读者的反馈意见，这些反馈犹如创作的养分，帮助作者不断优化作品，提升创作水平。例如，一位科普作家在平台发布了关于宇宙探索的文章后，收到了读者对文章中复杂科学概念的疑问，作家根据这些反馈，进一步优化内容，使文章更加通俗易懂，吸引更多读者的关注。

(2) 读者

读者在期刊这个平台上迎来了知识获取的黄金时代。丰富的内容资源涵盖了各个领域，从前沿科技到人文历史，从商业财经到生活艺术，满足读者多样化的阅读需求。读者不仅可以阅读，还能积极参与讨论和评论，分享自己的阅读心得，与其他读者思维碰撞，拓宽视野。比如在文学期刊平台上，读者们围绕一部新发表的小说展开热烈讨论，从人物塑造、情节设置到主题内涵，各抒己见，形成浓厚的阅读氛围。

(3) 广告商

广告商在期刊平台找到了精准营销的宝藏。平台基于大数据分析生成的精准用户画像，为广告商提供了清晰的目标受众信息。例如，一家运动品牌广告商，通过平台了解到有大量热爱健身的读者，于是针对性地投放智能健身设备广告，广告内容围绕设备的高效训练模式、健康监测功能等特点展开，精准触达目标客户，大大提高了广告效果和转化率。

(4) 合作伙伴

合作伙伴与期刊携手开启创新之旅。不同领域的合作伙伴基于各自优势，与期刊共同探索新的业务模式。一家教育科技公司与教育类期刊合作，开发在线教育课程，将期刊的优质教育内容转化为互动式课程，借助教育科技公司的技术平台，实现了知识的高效传播与变现。

2. 合作提升竞争力

（1）学术合作

期刊与科研机构、高校的合作，为学术成果的传播与交流搭建了高速通道。联合建立的学术成果发布平台，让科研人员能够及时发布最新研究成果，加速学术信息的流通。例如，在医学领域，期刊与知名医学院合作，第一时间发布最新的疾病研究成果和治疗方案，促进了医学领域的学术交流与临床实践的结合。

（2）技术合作

与互联网企业的合作则为期刊平台注入了强大的技术动力。与搜索引擎公司合作，运用先进的搜索算法优化内容搜索功能，读者只需输入关键词，就能快速精准地找到所需信息，大大提高了阅读效率。与社交媒体平台合作，实现了内容的一键分享和传播，一篇优质文章能够在短时间内迅速扩散，吸引更多潜在读者，显著扩大了期刊的影响力。例如，一篇关于环保的深度报道在社交媒体平台上广泛传播，引发了公众对环保问题的关注和讨论，提升了期刊的社会影响力。通过平台化与生态合作，期刊如同拥有了强大的引擎，整合各方资源，不断提升自身的竞争力和创新能力。

（二）衍生品开发与授权经营

基于期刊长期积累的品牌影响力和优质内容，衍生品开发与授权经营成为期刊拓展盈利的新引擎，为期刊的发展注入源源不断的动力。

1. 开发衍生产品

围绕期刊品牌开发衍生产品，是期刊拓展盈利渠道的重要方向，如同在知识的土壤中播撒下多元化的种子，收获丰富的成果。

（1）专业书籍出版

将期刊中的经典文章、热门专题进行精心整理编辑，出版成系统的专业著作。这些书籍不仅是知识的沉淀，更是学术研究和专业学习的宝贵资料。例如，一本汇集了多年来经济学领域前沿研究的期刊专业书籍，为经济学者、学生和从业者提供了深入学习和研究的参考，满足读者对深度阅读和知识收藏的需求，也为期刊带来版税收入。

（2）学术数据库打造

整合期刊多年来积累的学术资源，打造学术数据库。科研人员可以在数据库中快速检索到所需文献，无论是历史研究资料还是最新的研究成果，都能轻松获取，大大提高了研究效率。数据库的订阅服务为期刊开辟了稳定的收入来源，同时也提升了期刊在学术领域的权威性和影响力。

（3）行业报告发布

凭借期刊对行业的深入了解和专业分析，发布具有参考价值的行业报告。针对某新兴行业，如人工智能芯片行业，期刊发布的市场规模预测、竞争格局分析报告，为企业制定战略决策、投资者评估投资风险提供了重要依据。企业和投资者通过购买报告，获取关键信息，期刊则通过报告的销售实现盈利，同时增强其在行业内的话语权。

2. 开展品牌授权

开展品牌授权业务，是期刊借助品牌影响力实现商业价值最大化的重要手段，如同将品牌的光芒辐射到更广阔的领域。

（1）文具品牌联名

将期刊品牌授权给文具品牌推出联名笔记本。笔记本封面巧妙融入期刊的特色元素，期刊的标志性 Logo 醒目展示，经典文章配图作为装饰，展现出独特的文化韵味。内页纸张选用高品质材料，书写顺滑，排版设计充分考虑阅读习惯，合理布局页码、页眉页脚。这样一款笔记本，既满足消费者对文具品质的追求，又通过日常使用传播期刊品牌，实现文化与实用的完美结合，为期刊带来授权收益。

（2）教育机构合作

授权给教育机构开展品牌培训课程。教育机构利用期刊的专业资源和品牌知名度，邀请期刊作者和行业专家授课，开设金融投资、科技创新等热门领域的培训课程。课程内容紧密结合期刊的优质内容和行业最新动态，吸引大量学员报名参加。这不仅提升了教育机构的培训质量和品牌形象，期刊也从中获得授权费用，实现了品牌价值的多维度变现，同时促进了知识的传播与应用。

第三节　政策环境与行业监管的影响

在当今数字化浪潮席卷全球、知识经济蓬勃发展的大背景下，未来期刊商业模式的演进并非孤立进行，而是与政策环境、行业监管紧密交织，二者对期刊的平台化转型以及衍生品开发与授权经营等核心发展路径，产生着全方位、深层次的影响。

一、对平台化转型的影响

（一）内容合规监管

在信息传播呈指数级增长的当下，社交媒体、移动互联网等新兴渠道让信息瞬间就能抵达全球各个角落。这一传播环境的巨变，使得政策层面对于内容合规性的把控愈发严格。期刊平台作为集作者创作成果展示、读者阅读互动、广告商商业推广以及合作伙伴资源整合的多元信息汇聚中心，内容合规性无疑是其得以稳健运营的根本。

从作者创作投稿环节来看，期刊肩负着引导作者遵循法规与道德准则的重任。以时政类期刊为例，作者在撰写相关文章时，必须严格依据国家法律法规，如实客观地报道事件，避免传播未经证实的谣言、虚假信息，更不能发表任何煽动性、分裂性言论。在文化艺术类期刊领域，要防止作品中出现低俗、暴力、色情等违背公序良俗的内容。在学术期刊领域，学术不端行为的监管更是重中之重。如今，随着科研竞争的加剧，学术造假现象时有发生。对于引用他人研究成果，不仅要求标注清晰准确，还对引用比例有严格限制，防止过度引用导致抄袭嫌疑。例如，某知名学术期刊在审核一篇关于生物医学研究的投稿时，通过专业的查重软件和人工审核双重把关，发现作者存在部分段落抄袭国外已发表论文的情况。期刊不仅立即退回稿件，还将该作者列入诚信黑名单，向相关科研机构通报。这一操作可以使期刊免于声誉受损的困境。

为应对严格的内容合规要求，期刊平台在人力投入上不断加大。组建的专业审核团队中，法律专家负责对内容进行合法性审查，确保不触碰法律红线；行业资深编辑凭借丰富经验，从专业角度判断内容的真实性、准确性和价值性。同时，积极引入先进的人工智能辅助审核系统。该系统利用自然语言处理技术，对海量投稿内容进行关键词筛查。比如，当检测到“敏感词汇库”中的敏感词汇时，系统会立即发出预警；若与不良信息库中的内容匹配度较高，也会自动标记。此外，通过语义分析技术，系统能深入理解文章内涵，判断文章是否存在潜在的不良导向，像某些文章虽表面无敏感词汇，但通过语义分析发现其存在隐晦的负面引导倾向，也会被重点关注。通过这一系列举措，期刊平台确保内容质量，维护在读者心中的良好形象，以满足日益严格的监管要求。

（二）数据安全与隐私保护

近年来，数据泄露事件频发，从大型互联网公司到金融机构，数据安全与隐私保护成为全球关注的焦点。欧盟的《通用数据保护条例》（GDPR）、中国的《网络安全法》等一系列相关政策法规不断出台并逐步完善，为数据安全与隐私保护构建了坚实的法律框架。

期刊平台在数据收集、存储、传输和使用的全流程中，都必须严格遵循这些政策规定。在数据收集环节，以某时尚期刊平台为例，当收集读者阅读行为数据时，会在平台注册页面以弹窗形式明确告知读者："我们收集您的阅读时长、点击偏好、搜索记录等数据，目的是根据您的兴趣为您精准推荐时尚穿搭文章、时尚品牌资讯，提升您的阅读体验。收集的数据仅包括您在本平台的浏览行为数据，不涉及您的身份证号、银行卡号等敏感个人信息。这些数据仅用于内部分析，不会与第三方共享，除非获得您的明确同意。"同时，设置"同意"和"不同意"按钮，只有读者点击"同意"后，才能继续注册使用平台服务。

在数据存储和传输过程中，期刊平台采用先进的加密算法，如 AES 加密技术。AES 加密技术能够将原始数据转化为复杂的密文，即使数据在存储介质（如服务器硬盘）中被窃取，或者在网络传输（如用户浏览期刊网页时数据传输）过程中被拦截，没有正确的解密密钥，黑客也难以破解数据内容。同时，设置严格的访问控制权限。根据员工职责和业务需求，将数据访问级别分为普通员工、编辑、管理员等多个级别。普通员工仅能访问与自己日常工作相关的少量数据，如编辑只能查看自己负责板块的读者阅读反馈数据；而管理员虽拥有较高权限，但也需经过多重身份验证，如指纹识别、动态验证码等，才能访问核心数据，防止内部人员非法获取和滥用数据。

这一系列举措促使期刊平台在技术研发上持续投入，不断优化数据管理系统。例如，定期对数据管理系统进行漏洞扫描和修复，更新加密算法版本以应对不断变化的网络安全威胁；完善管理流程，制定详细的数据安全应急预案，一旦发生数据泄露事件，能够迅速启动预案，降低损失。通过这些努力，保障数据安全，避免因数据泄露等问题引发法律风险，为平台化转型奠定坚实的安全基础，确保转型进程平稳顺利。

（三）促进合作的政策引导

为推动知识创新与产业发展的深度融合，政府在政策层面积极发力，出台一系列政策鼓励期刊与科研机构、高校、互联网企业等开展广泛合作。

在产学研合作方面，政府设立专项资金，对期刊与科研机构、高校联合开展的学术成果发布平台建设项目给予直接的资金支持。例如，政府每年从科研创新专项资金中拨出一部分，用于支持此类项目的技术研发、服务器购置、运营维护等。同时，在税收政策上给予税收减免优惠。对于参与合作的各方，在合作项目产生的收入方面，给予前三年免征企业所得税，第四年至第六年减半征收的优惠政策，大大降低了合作成本。某高校与材料科学领域的学术期刊合作建立了一个关于新材料研究的学术成果发布平台。政府提供了 500 万元专项资金用于平台的服务器购置、软件开发等，同时在合作的前五年，对双方因该平台产生的收入免征企业所得税。这极大地激发了双方的合作积极性，平台上线后，加速了科研成果从实验室走向市场的进程。过去，新材料研究成果从发表到应用平均需要 3～5 年，通过该平台，这一周期缩短至 1～2 年，促进了学术成果的广泛传播与应用，推动了行业技术进步。

在与互联网企业合作时，政策引导下的合作更具活力和创新性。期刊可以借助互联网企业强大的技术研发能力，如搜索引擎公司的智能搜索算法优化内容搜索功能。以某科普期刊与搜索引擎公司合作为例，通过引入智能搜索算法，读者在搜索科普文章时，不仅能通过关键词精准匹配，还能通过语义搜索，如输入“宇宙中神秘的天体”，系统能理解语义，推荐出关于黑洞、中子星等相关文章，大大提高了搜索效率和准确性。与社交媒体平台合作，利用其庞大的用户基础和便捷的分享机制，实现内容的一键分享和多渠道传播。某文学期刊与社交媒体平台合作后，一篇优质的短篇小说在发布后的 24 小时内，分享量达到了 10 万次，阅读量突破 50 万次，吸引了大量潜在读者，进一步提升了期刊平台在市场中的竞争力和创新能力，使其在激烈的行业竞争中脱颖而出。

二、对衍生品开发与授权经营的影响

（一）知识产权保护政策

完善且严格的知识产权保护政策，为期刊衍生品开发与授权经营提供了坚实保障。在出版专业书籍方面，期刊将过往发表的经典文章、热门专题进行系统整理编辑成册。以金融投资领域的期刊为例，该期刊将历年关于股票投资策略、基金分析、宏观经济对金融市场影响等优质文章整理出版成专业书籍。在知识产权保护政策下，一旦发现有不法出版商抄袭盗版，期刊可通过法律途径维权。曾经有一家小型盗版商未经授权印刷该专业书籍，期刊社发现后，立即向法院提起诉讼，最终盗版商不仅被要求停止侵权行为，并赔偿期刊社经济损失 50 万元，还受到了相关行政处罚，有效遏制了市场上的盗版现象，保障了期刊的合法权益。

在打造学术数据库时，期刊多年积累的学术资源，从论文、研究报告到学术会议资料等，都作为期刊独特的知识产权受到法律保护。例如，某医学期刊打造的学术数据库，收录了近20年来该领域的前沿研究成果。竞争对手若试图恶意复制和盗用这些数据，将面临法律的严惩。在开展品牌授权业务时，知识产权保护政策确保期刊品牌和内容的合法权益不受侵犯。当期刊与文具品牌推出联名笔记本时，笔记本封面设计中融入的期刊标志性Logo、经典文章配图等，都受到知识产权保护。曾经有一家小品牌文具商未经授权，在其笔记本产品上使用了某知名期刊的Logo，期刊社通过法律手段成功维权，获得了赔偿，并要求侵权方停止侵权行为，避免了品牌形象被滥用，使期刊能够放心地与各类合作伙伴开展合作，充分挖掘期刊品牌和优质内容的商业价值，实现品牌价值在文具、教育、文创等多个领域的变现。

（二）行业准入与资质监管

期刊开展的一些衍生品业务，如学术数据库运营、行业报告发布等，由于其专业性强、影响范围广，往往会面临严格的行业准入和资质监管。监管部门会从多个维度对期刊进行全面评估。

在专业能力方面，要求期刊具备一支高素质的专业团队。以行业报告发布为例，团队中不仅要有行业领域的专家学者，对行业发展趋势有深入研究和敏锐洞察力；还要有资深编辑，能够将专业的研究成果以通俗易懂的语言呈现给读者；以及数据分析师，负责收集、整理和分析大量行业数据。在数据质量上，审核期刊所收集的数据来源是否可靠。例如，学术数据库中的文献数据必须来源于权威学术期刊、知名科研机构等；行业报告中的市场数据要通过正规市场调研公司、政府公开数据等渠道获取，且数据更新要及时，以真实反映行业现状。在运营规范方面，考察期刊的管理制度是否健全。某经济类期刊在申请行业报告发布资质时，监管部门对其数据安全管理进行审查，发现该期刊存在数据存储设备老化、数据备份不及时等问题，要求其整改。期刊通过更换先进的数据存储设备，建立每日数据备份机制，完善内容审核流程，加强用户服务机制建设，最终获得了开展相关业务的许可。

这就要求期刊在开发衍生产品时，高度重视自身专业水平和管理能力的提升。通过与高校合作开展人才培养项目，引进具有大数据分析、行业研究等专业背景的人才，完善内部管理制度，优化业务流程等措施，确保业务的合规性和可持续性，以获得监管部门的认可和支持，在合法合规的轨道上推动衍生品业务的健康发展。

（三）税收政策影响

税收政策作为国家宏观调控的重要手段，对期刊衍生品开发与授权经营的成本和收益有着直接而显著的影响。

在出版专业书籍业务中，如果政府给予税收优惠政策，如降低出版环节的增值税税率，从原来的13%降低至9%，或者对书籍销售所得给予一定比例的税收减免，如减免20%的企业所得税，这将直接降低期刊的出版成本。某科普期刊在享受税收优惠政策后，出版成本降低了15%，进而可以将更多资金投入书籍内容策划、邀请知名科普作家撰写稿件、精美的排版设计及线上线下的市场营销等方面，提升书籍质量，扩大市场影响力。该期刊的专业书籍销量在一年内增长了30%，销售利润增长了40%。

对于销售行业报告业务，税收优惠政策同样能够减轻期刊的运营负担。某科技期刊在获得税收优惠后，投入更多资源进行行业调研，聘请专业调研团队深入科技企业、科研机构收集一手数据，提高报告的专业性和准确性。在授权业务方面，合理的税收政策至关重要。一方面，确保期刊能够获得合理的授权收益，避免因过高的税收导致授权积极性受挫。例如，将授权业务的所得税税率控制在合理范围，如15%~20%。另一方面，通过税收政策引导授权合作的健康发展，对长期稳定的授权合作给予税收优惠，如合作期限超过三年的，给予10%的税收减免，促进期刊与合作伙伴建立长期稳定的合作关系，推动期刊衍生品开发与授权经营业务的持续繁荣，实现期刊商业价值的最大化。

综上所述，政策环境与行业监管在未来期刊商业模式发展中扮演着双重角色，既带来了诸如合规成本增加、资质审核严格等挑战，也提供了合作机遇增多、权益保障加强等发展机遇。期刊行业必须时刻保持敏锐的政策洞察力，密切关注政策动态，积极主动地适应监管要求，在合法合规的前提下，充分发挥自身优势，不断创新发展，实现可持续的商业价值增长，在新时代的浪潮中稳步前行。

参考文献

［1］全国出版专业职业资格考试办公室．出版专业基础·初级：2011年版［M］．武汉：崇文书局，2011.

［2］国家新闻出版广电总局出版专业资格考试办公室．出版专业实务·中级：2015版［M］．北京：商务印书馆，2015.

［3］汪寿阳，等．商业模式冰山理论：方法与案例［M］．北京：科学出版社，2017.

［4］李鸿磊．商业模式的概念、方法与案例：兼论商业模式九宫格的应用［M］．北京：中国社会科学出版社，2021.

［5］孔庆玲．国际电信联盟：2024年年底全球互联网用户将达55亿［EB/OL］．(2024-11-28)［2024-12-29］．https://www.chinanews.com.cn/gj/2024/11-28/10326939.shtml.

［6］冯锐．如何利用微信公众号开展期刊读者服务［J］．新媒体研究，2015，1(03)：63-64.

［7］来庆新．一本失败DM杂志的案例剖析［J］．青年记者，2007(22)：52-54.

［8］闻丹岩．整合学术资源和出版资源，提升数字化服务能力——Frontiers系列英文学术期刊出版实践带来的启示［J］．中国编辑，2012(02)：63-65.